你最好的样子
就是做自己

be yourself,

enjoy life

慈怀读书会 主编

北京联合出版公司
Beijing United Publishing Co.,Ltd.

CONTENTS
目录

最浪漫的，
是为热爱的事坚持

时间一定要浪费在自己喜欢的事情上，
如果你每天只是机械地完成一些任务，那么人生也会变得荒芜、漫长。
不要为了生活而将就，不为了某些目的而讨好，
勇敢一点，坚持自己的爱好，它将赋予你强大的生命感受力，
不再麻木地消耗时间，把每天的生活过得新鲜、有趣。

我很平凡，
但灵魂发光

人人生而平凡，我们都需要经历一些磨难，
主动成长，才能真正成为自己。
我们没有必要羡慕那些光亮的人，也没有必要自卑，
告诉自己，我很平凡，但灵魂发光，总有一天，
我不再是人群里的大多数，而是这个世界上独一无二的自己。

CHAPTER

你最好的样子
就是做自己

很多时候，不管我们做什么，周围总会充满反对的声音，
有些人"善意的阻拦"让我们放弃了自己原有的坚持，
不知不觉中，我们在按照别人的方式生活。
活成自己最好的样子，不需要别人告诉我们应该做什么、怎样做，
不因为别人的看法而改变自己的初衷，不随波逐流，坚持做自己。

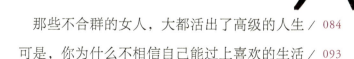

CHAPTER

生活
需要仪式感

生活需要仪式感，它能让每天都变得独特，在仪式感的渲染之下，
生活中每一个渺小的存在都有属于自己的伟大瞬间。
拥有仪式感与矫情、刻意、虚伪无关，它是我们热爱生活的一种方式，
它能让我们收获日常生活中的惊喜、浪漫，
让我们真切地感受到，自己是在生活，而不仅仅是活着。

生活因慢
而更有美感

岁月静好，人生的每一步，都有值得去发现的美。
无论财富多少、地位高低，
我们都能根据自我的心境、品味和信念，找到最适合自己的状态。
让生活慢下来，不盲目、不空虚，
享受无压力、有品质的精致生活。

C H A P T E R   1 . . . . . .

CHAPTER

最浪漫的，
是为热爱的事坚持

时间一定要浪费在自己喜欢的事情上，

如果你每天只是机械地完成一些任务，那么人生也会变得荒芜、漫长。

不要为了生活而将就，不为了某些目的而讨好，

勇敢一点，坚持自己的爱好，它将赋予你强大的生命感受力，

不再麻木地消耗时间，把每天的生活过得新鲜、有趣。

人就这么一辈子

刘墉 / 文

我常以"人就这么一辈子"这句话来告诫自己并劝说朋友。

这七个字，说来容易，听来简单，想起来却很深沉：

它能使我在懦弱时变得勇敢，骄矜时变得谦虚，颓废时变得积极，痛苦时变得欢愉，对任何事拿得起也放得下，所以我称它为"当头棒喝""七字箴言"。

人不就这么一辈子吗？

生不带来，死不带去的一辈子；春发，夏荣，秋收，冬藏，看来像是一年四季般，短暂的一辈子。

我便不得不努力抓住眼前的每一刻、每一瞬，以我渺小的生命、
有限的时间，多看看这美好的世界，多留些生命的足迹。

你最好的样子就是做自己 ◇

每当我为俗务劳形的时刻，想到那七个字，便忆起李白《春夜宴桃李园序》中"夫天地者，万物之逆旅；光阴者，百代之过客。而浮生若梦，为欢几何"的句子，而在哀时光之须臾，感万物之行休中，把周遭的俗事抛开，将眼前的争逐看淡。我常想，世间的劳苦愁烦、恩恩怨怨，如有不能化解、不能消受的，不也敌过这短短的几十年就烟消云散了吗？若是如此，又有什么好解不开的呢？

　　人不就这么一辈子吗？

　　短短数十寒暑，刚起跑便到达终点的一辈子；今天过去，明天还不知道属不属于自己的一辈子；此刻过去便再也追不回的一辈子；白了的发便再难黑起来，脱了的牙（永久齿）便再难生出来，错了的事便已经错了，伤了的心便再难康复的一辈子；一个不容我们从头再活一次，即使再往回过一天，过一分，过一秒的一辈子。

　　想到这儿，我便不得不随着东坡而叹："寄蜉蝣于天地，渺沧海之一粟。"

　　我便不得不随陈子昂而哭："前不见古人，后不见来者。念天地之悠悠，独怆然而涕下。"

　　我便不得不努力抓住眼前的每一刻、每一瞬，以我渺小的生命、有限的时间，多看看这美好的世界，多留些生命的足迹。

你最好的样子就是做自己 ｜ 插画：KEKE_Tree 栗绿

你是我的人，不能随意丢给别人爱护着……

紫图图书
我们策划精品畅销书

慕怀读书会
因书明理，以慕怀道

人，才是有趣的尺度，而我乐不疲。

你最好的样子就是做自己 │ 插画：Lylean Lee

人就这么一辈子。

你可以积极地把握它，可以淡然地面对它。

看不开时想想它，以求释然吧！精神颓废时想想它，以求振作吧！愤怒时想想它，以求平息吧！不满时想想它，以求感恩吧！

因为不管怎么样，你总很幸运地拥有这一辈子，你总不能白来这一遭啊！

刘墉	画家、作家、演说家、教育家、慈善家。他的创作原则是"为自己说话，也为时代说话"；处世原则是"不负我心，不负我生"。
	已出版著作： 《唯奋斗者得功名》 《不疯魔，不成活》等

有爱好的人生，
才是有趣的人生

乔言 / 文

在这个"时间就是金钱，效率就是生命"的社会，人们越来越浮躁，大家拼命向前奔跑，生怕被时代抛弃，做父母的更是这样。

"诗魔"白居易咏道："人皆有一癖，我癖在书章。"人必有良癖，而后有所成。人无癖则无趣。

这个世界上好看的皮囊太多，有趣的灵魂太少。何谓有趣，就是拥有彰显你趣味的爱好。

一个有趣的人，一定会有心的痴迷爱好。而一旦将这些兴趣爱好坚持下去，即使生活跌入低谷，也会从容面对，波澜不惊。

爱好让苦难的日子过成诗

写出千古名篇《桃花源记》的陶渊明，他生平有三大爱好，饮酒、读书、弹琴。这三大爱好贯穿了他的一生，即使是在退出官场后，生活清贫的他也能靠这三大爱好把生活过得悠然自得，趣味盎然。

陶渊明曾自述："少学琴书，偶爱闲静，开卷有得，便欣然忘食。"从小他就爱看书和弹琴，以至于常常忘了吃饭。

爱读书让陶渊明满腹经纶，顺理成章地走上了仕途之路。在对官场的黑暗感到无力适从后，陶渊明彻底退出，归隐田园。

归隐后的陶渊明携妻儿居住在南山脚下的一所简陋的茅屋里，过着"躬耕自资"的生活。失去了朝廷俸禄，加上陶渊明又不善农耕，即使每日晨出夜归，披星戴月地劳作，家境依然一年不如一年。

如果遇到丰收年，还可以勉强管饥饱，但若遇到灾年，则"夏日长抱饥，寒夜无被眠"。灾难屡降，除了天灾还有蝗灾，导致陶渊明到了"敝庐交悲风，荒草没前庭"的地步。

后来更是遇到一场火灾，烧毁所有，被迫搬家，生活流离失所，粮酒常绝，困苦颠簸。饥饿和贫寒长期折磨着他。

在这样贫寒交错、食不饱饥的日子里，陶渊明依旧晨曦日落时吟诗弹琴，生活的苦难丝毫影响不了他的雅兴。无论达官贵人还是穷困潦倒的人都愿拜访他，陶渊明的门前俨然一幅"谈笑有鸿儒，往来无白丁"的热闹场面。

没钱买酒时，陶渊明就自己酿酒。一日，陶渊明正在酿酒，一朋友前来探望。适逢酒熟，陶渊明顺手取下头上葛巾漉酒，漉完之后，仍将葛巾罩在头上，然后接待朋友。喝着自己酿造的酒，和朋友高谈阔论，人生好不快活。

陶渊明学琴学得忘乎所以。"弱龄寄事外，委怀在琴书"，为了能专心致志弹琴，竟息交绝游。而据史书记载，陶渊明的琴没有任何装饰，连琴弦都没有，就是一架略具琴形的木板。然而就是如此简陋的琴，陶渊明却弹得很是尽兴，每逢饮酒聚会的时候，便抚弄一番，以此表达生活的意趣。

人居陋室，清琴横床，浊酒半壶。

在陶渊明眼中，即使住在简陋的屋子里，只要有书，有酒，有琴，斯晨斯夕，每一个时刻都是那么美好。生活是陶然自得的，苦难的日子也成了诗。

爱好是身心快乐的调节剂

爱好往往是"无用"的，不为功名利禄，只为身心快乐。

纵观娱乐圈，很少有像徐静蕾这样身在演艺圈却从不为演员两字困住，随心所欲做着自己爱做的事情，不被声名羁绊。

在一段采访中，徐静蕾这样说："我们就应该坦然面对，我们想做什么，就做什么。只要在法律的标准之上，我们应该非常坦然地接受自己，所谓爱自己也就是这个意思。"

她不仅这么说，也确实这么做。当意识到自己真正热爱导演工作时，她就开始为自己导第一部电影而努力。自己写剧本，自己找演员，拍摄服装是自己的旧衣服，所有的事情都亲力亲为，最终完成了自己导演的首部作品《我和爸爸》，这部电影也获得了第二十三届最佳导演处女作。

凭着对导演的挚爱和坚持，徐静蕾后来又陆陆续续拍了多部电影，大多是叫好又叫座。

除了当导演，徐静蕾对书法也是特别热爱，她的字已经成了她的一张名片。徐静蕾很小就开始练字，无论酷暑严寒，从不间断。即使在现在日益繁忙的生活中，她也会每天抽出一点时间练习书法。

持续不断地练习书法不仅让她的字得到书法界一致认可，

一个有趣的人，一定会有源自内心的痴迷爱好。

而一旦将这些兴趣爱好坚持下去，

即使生活跌入低谷，也会从容面对，波澜不惊。

她的字体还被命名为"方正静蕾简体",被方正纳入个人书法计算机字库,要知道在此前推出个人字库的皆是国内书法界大家,比如启功、王祥之等。

当别的女明星都在忙着接通告,生怕自己失去了存在感时,徐静蕾却一点不关心。她在思考,怎样让自己过得更有趣。正如她早期在博客里写道:"人最重要的是读书、学习和体验生活。"

当导演,写剧本,练书法,学画画,做手工,正是有了这些爱好,才让她不再只为眼前的工作束缚,爱好滋养了她的身心,让她活出了自己想要的样子。徐静蕾告诉我们:女人美在骨。现代女人不仅要注重外表,更要美在内在。而爱好正是让自己拥有内在美的精神养料。

爱好让我们的灵魂更加有趣

梁启超说:"凡人必常常生活于趣味之中,生活才有价值。我只觉得天下万事万物都有趣味,我只嫌二十四点钟不能扩充到四十八点,不够我享用。"可见,有了趣味的生活才是最高级的生活。

用老顽童来形容黄永玉一点也不为过,作为著名画家的黄永玉，九十四岁高龄的老爷子并不像一般大师那样严肃刻板，反而让人觉得颇有点"老不正经"。

五十岁考驾照，八十岁上时尚杂志封面，九十一岁撩到林青霞，九十三岁开着法拉利飙车。这哪里是九十多岁的老头，连 90 后都望尘莫及。

黄永玉的爱"玩"出了名。他爱好一切新鲜好玩的事情，并把这种爱好发挥到了极致。

他痴迷画荷花带来的乐趣，为了画出荷花的千姿百态，万种风情，一有闲暇时间就去荷塘赏荷，细细研究荷花的各种形态，光是荷花的速写就画了八千多张。他画的荷花独具一格，神韵兼备。他还以荷抒怀，以荷咏志。后来，干脆给自己的住处建了荷花塘，从此天天以荷为伴，以至于被称为"荷痴"。

他享受建造房子的乐趣，他爱给自己建造别墅，精心设计房子的每一处细节。他设计的房子都成了一件件独具风格的艺术品，成为文人墨客向往的地方。许多人认为他建造房子无非是有了钱之后摆阔，而他却说："房子是艺术创作的一部分，盖房子不仅是一个人的开心，更是很多人的开心。"

他热衷购买各种跑车，也喜欢玩车。家里收藏了数不胜数的豪车，偶尔心血来潮，还会和小年轻们一起飙飙车，较量一番。有一次白岩松去采访他时，看到他的红色法拉利跑车惊呆了，说："老爷子，你都一大把年纪了，还玩这个！"

黄永玉回答："我又不是老头。我玩车就是因为好玩。"因为爱车，让人忽视了他的年龄。事后，白岩松在他的书《白说》里面提到："我追求在我老年的时候，成为黄永玉老爷子。这样的人简直是无法想象的，潇洒到了极致。"

从不参加综艺活动的林青霞更因为他一句："你呀，得让自己变得野一点。"便参加了综艺首秀。越是年纪大了，越是要保持好奇心。是呀，有趣从不受年龄限制。

有趣的人总会给生活制造更多的乐趣，不因年龄的增长而丧失玩心，这样的人走到哪里都自带光环，不光自己过得有趣，更让周围的人感到一片热气腾腾。

文学家萧伯纳说过："在享受人生乐趣方面，有钱和没钱的差别微乎其微。"

可见，一个人的有趣和金钱、社会地位没有关系。真正的有趣是经历生活的各种历练后，依然有根植内心的爱好，依然热爱生活本身。

你的爱好会让你在平庸琐碎的生活中解脱出来，去体验另一种自我选择的生活。爱好，会扩展你人生的宽度和高度。

一个人感兴趣的事情越多，快乐的机会也越多，生活将变得日渐丰盈，灵魂更加有趣。而一旦你将自己的爱好发挥极致，把某一种爱好发展成一种技能或者一项事业，就越不容易受生活的摆布。

待到老时，回首往昔而不遗憾：还好，把生活过成了自己喜欢的模样。

乔言

自由撰稿人，一个行走于现实和文艺之间的非典型文学爱好者。

哪有什么洪荒之力，
不过是在咬牙坚持

💎 苏心 / 文

今年春天，我采访本地一位知名的企业家。

上万人的企业，经营得风生水起。老总非常平和，脸上带着淡淡的笑，是那种被命运磨砺过的柔软。我紧张的心情平缓了许多，拿出采访提纲开始和他聊起来。

我问："您的企业做这么大，是不是一直都很顺利？"

那位企业家苦笑："呵呵，做企业就像过山车，忽上忽下，怎么会一帆风顺呢，你还记得 2008 年那次金融危机吗？

"那年，我们公司受到的冲击最厉害，

几个月里只接了些零零散散的订单，工资都开不出，我急得天天火烧眉毛。后来，有一个中东的大订单，我们也没仔细审合同就接了。工人有活干，有工资挣，公司能运转就行。

"结果，货物到了对方海岸，迟迟没人接货。我们一查，是对方的信用证有问题。那批货就扔在海岸上，公司陷入了绝境。我带着翻译去了国外。在举目无亲的异国他乡，我和翻译一家家去所有有希望买我们货物的客户那里推销这批产品，哪怕赔钱卖，也不能扔那儿吧。

"住了一个月，签证到期了，还没有找到买家，我们只好回来了。隔了一段时间我们再去，这次终于找到了一个买主，不过对方把价格压得很低，成本价的一半多一点。没办法，再不卖，损失更大，货物在海岸上还要收仓储费。一咬牙，把合同签了，对方打款提货。

"在回来的机场，我抬头仰望天空，泪流满面，我不知道公司的命运会怎样。"

说到这儿，那位企业家闭上眼，我知道他是在平复往事带来的激动情绪。

过了一会儿，他睁开眼："好了，过去了，都过去了，那些最难的时刻已经过去了。"

告别那位企业家，我在路上边走边想。

除了通过黑夜的道路，无以到达光明。

你最好的样子就是做自己

2008年，我在干吗？

那年，我刚刚换了一个部门，对新工作还很吃力。但我根本没有不紧不慢的实习期，因为我是公司的老人，换部门是为了培养我的综合能力。专业知识、新软件、新制度、新方案、新流程，全部要重新学习。

别人一天工作八小时，我一天工作十几个小时。中午下班后，我就把饭买回办公室，一边对着电脑，一边吃。下午下班后，总是最后一个走出办公楼。考核制度就像一只身后的老虎，如果新岗位的业绩比之前差，我就会被降职降薪。

记得也是在八月，正值北京奥运会。那天老公出差了，我想早点下班回家陪女儿看电视。领导匆匆走来，拿着一个文件夹，让我加班做个方案，明天要报到省里，里面是一些参考资料。

我给妈妈打了个电话，让她接女儿去她那儿。

我开始一页页看资料，然后汇总。做方案时，竟然还要用一个我刚刚接触的办公软件，我打开软件用了半天，还是图不成图，数不成数，急得七窍生烟。

抬头看看墙上的挂钟，已经是晚上十点，我的方案还没有一个字。最要命的是，那个软件我还不会用。整座楼里鸦雀无声，只能听到我自己的呼吸。我趴在桌子上哭了起来。可是，哭有用吗？

万般无奈，我给一位同事拨通了电话求援。我带着哭腔的声音吓了他一跳，以为这大晚上我被人欺负了。听我说明情况，他说："别急，我远程教你。"

夜里十一点的时候，我终于学会使用那个软件。我一点点按要求做好方案。零点三十分，我把方案发到领导邮箱。看着电脑上显示的"邮件已发送"，我长长出了一口气。

来到大门外，和保安打过招呼，到路边等出租。马路上过往的车辆已经很稀少，且大多是私家车。偶尔过去的出租车上也挂着"停运"的灯。

等了近二十分钟，眼看都凌晨一点了，还没等到一辆出租车。我决定步行，走一步就离家近一步吧。

公司在城郊，走出一百米，身后的门灯就没有了光亮，只有昏暗的路灯无精打采地亮着。路上没有一个行人，我的心提到了嗓子眼，后背直冒冷汗。

我一边惊恐地四下张望，一边疾步前行。忽然有一瞬间，湿漉漉的衬衣领子贴到了我的脸上，是我的汗水和泪水给打湿的。

凌晨两点半，终于看到了小区的大门。我的心慢慢恢复了正常跳速。

进门时，正碰上租我家阁楼的邻居，他在夜市卖烤串，也刚刚收摊回来。我们一起回家。我问他，这么拼有什么愿望？

他说想在城里有一个自己的家。他又问我的愿望。我说想升职加薪，买辆自己喜欢的车。

八年过去了，2016 年的奥运，当听到女子一百米仰泳铜牌得主傅园慧说的那句"洪荒之力"，我笑了，眼里却流下了泪。

那位企业家、我，还有卖烤串的邻居，也是用洪荒之力走到了梦想最初的地方。

其实，谁天生也并不是有着无坚不摧的洪荒之力，逼着你往前走的，不是前面的诗和远方，而是身后的万丈深渊。

泰戈尔说："除了通过黑夜的道路，无以到达光明。"

是的，当与命运狭路相逢，路很长，夜很黑，你别无退路，只能在胸口刻上一个"勇"字，克制着所有的恐惧，咬牙走过那段独行的夜路。

走着走着，天就亮了。

苏心

专栏作家。驰骋职场，也热爱文字。关于职场、关于生活、关于婚恋、关于女人，我手写我心。

已出版著作：
《在坚硬的世界里，修得一颗温柔心》

宁愿走在泥泞的路上，
也不走一步回头路

◇ 景天／文

网上有个故事，说两个女孩为了制造出适合中国女性用的香水，花费七年调制了上万次才成功。

一个孩子，完成从小学生到中学生身份的转换要用六年时间；一个职场人，适应从职场新人到百分百职场人的身份转换，至少要半年时间。七年，说起来可能是一个比较空泛的时间概念，但真正经历了七年，才会知道坚持一件事情多不容易。

那两个女孩，一个是香水评香师，一

个是香水设计师。她们放弃百万年薪的工作，一起辞职创业，组建调香师团队，参与香料选取的工作，确定香水前调味道和后调味道，过程中有过激烈的讨论，但从未想过放弃。即使迈出一小步很困难，她们也坚定地一往无前。

后来，两个女孩做成了她们想要做的事情。

这个故事让我想起不久前，一个做 HR（人力资源）的朋友和我吐槽：他们公司的年轻人好像商量好了一样，动不动就问她怎么才能少走弯路，尽可能快地升职加薪。当时她苦着一张脸，说："我能怎么办啊？我也很绝望啊！我要告诉他们一步一脚印，咬牙不回头吗？我说了他们就会照做吗？"

的确，能这样问的年轻人大多想要以最快同时也是最便捷的方式在职场中平步青云，对未来有许多梦幻的憧憬，但事实上，**职场哪里有什么独门绝技？如果非要说有，踏实地走好每一步路就是最快的方法。**

2

一往无前的路上，总会有几段难行的曲折路，就像姑娘们谈恋爱，无论怎样小心也总会遇见几个渣男。

倘若你可以知难而行，总有一天，会感谢没有轻易放弃的自己。

余华曾参加过一次高考，然而他对未来的憧憬以落榜告终，只能乖乖地进了卫生院做一名牙科医生。

他不喜欢这份工作，"每天八小时的工作，一辈子都要去看别人的口腔，这是世界上最没有风景的地方"。

卫生院对面是文化馆，年轻的余华常常在工作间隙，坐在窗边看人们从文化馆进进出出。看得久了，他忽然明白了文化馆与卫生院的不同。文化馆有趣，卫生院沉闷。对于像余华这样的年轻人来说，没有什么比沉闷更难以忍受。

从那时起，余华就开始想要弃医从文，到文化馆工作。为此，他把工作以外的全部时间都用来实现梦想。当时，余华住在虹桥新村 26 号，在这间临河小屋里，他琢磨川端康成的写作方法与表达方式，尝试坐下来写稿子，并与当地喜欢文学的年轻人成了朋友，谈天说地，聊人生，聊梦想，也聊阅读与投稿的经验。

每次在网上看到余华这一段经历时，我总会想起北岛的诗：

　　　　那时我们有梦
　　　　关于文学
　　　　关于爱情

永远执着的人，才配得起永远有趣的生活。

关于穿越世界的旅行

…………

有梦想的年轻人，无论前方有多曲折，总能给自己一个不走回头路的理由。

尽管写好的稿子屡屡被退回，但这一路曲折，终于辗转沉淀为余华写作的"养料"。在处女作短篇小说《第一宿舍》中，他写道："这家医院和这幢楼一样，都已有六十年历史，如今全院所有进修、实习医生全挤在楼上。楼下是医院的托儿所，与太平间隔路相望。"

后来，余华的稿子陆续被发表，《北京文学》杂志编委邀请他赴京改稿给了他继续前行的信心，他想要走下去的路，总算不再曲折。

他胜在不回头。

3

有个创业的朋友，新产品上线遭遇差评，他二话不说带领团队埋头苦干小半年修补产品 bug（漏洞），可是二次上线后依然差评无数。

团队成员像瘪了的气球，开会讨论怎样渡过眼前难关的时候，产品经理垂头丧气，说："产品不好做，我们有什么办法？"技术经理皱着眉头，说："嗯，技术再好也敌不过一大把山寨。"

朋友擅长演讲，创业前，他可以不慌不忙在一百多人面前阐述产品理念和营销策略，那一次他却慌了神儿，生怕团队因为眼前的挫折失去前进的动力，因而态度分外诚恳，掏心掏肺。

他说："产品上线出问题很难避免，毕竟要面对用户和市场的考验。这可能是件好事，也可能是件坏事。有用户投诉，说明产品还有进步的空间，只要我们能够继续做下去，在做的就是别人没有做过的事情。"

他说完，大家沉默了一阵子，终于有人开口提出可行性建议，进而展开了团队讨论。

总算又渡过了一个难关。

后来，朋友的产品依然没有很大起色，但他和他的团队宁愿走在泥泞的路上，也不走一步回头路。

并不是因为没有路途可回头，而是创业路上本就艰难，与其重新再来，不如勇敢撑下去，就算他日真的没有成功，至少回想起来，在遇到挫折的时候，整个团队没有人退缩。大家都在和挫折死磕，把问题解决掉就是进步，大家都在努力，也都不再着急、焦虑。

4

所谓进步，就是攻克一个难关，挺过一次挫折，让自己成长，提升自己的抗压能力和应急能力。只要坚持下去，你就可以持续成长，成功总有一天会到来。

倘若你回头，则意味着你所吃过的苦都是白搭，你所流淌的汗水都已蒸发。

茨威格说："所有命运赠送的礼物，早已在暗中标好了价格。"现实世界没有哆啦A梦，也没有任意门，想要成功，就要有一往无前的勇气和对抗挫折的能力。时光不回头，你我皆凡人。人生路上，没有回头路可以走。

永远执着的人，才配得起永远有趣的生活。

景天

景天，典型狮子座，从事编辑工作多年。

已出版著作：
《愿你做自己的主人，也做生活的英雄》
《别在吃苦的年纪选择安逸》等

我们需要跌倒多少次，
才能找到自己

奔放的

招财猫 / 文

我有两个疲惫时期必联系的朋友，一个叫量量，一个叫胖王。

毕业五年，全职写作三年，因为轨迹不同，很多当初工作认识的人已经都不联系了，他们就像从没有出现过一样，再也回忆不出具体的模样。

但这两个朋友不一样。每过一个阶段他们都有变化，而且每过一个阶段，我都会觉得他们比之前的自己更从容。

1

先说胖王的故事。胖王起初并不胖，他爱做饭，有个漂亮的女朋友是靠做饭骗来的。我们同在一个小传媒公司上班，他做后期，我做编剧，后来，我们又先后辞职。

我写作，他创业。胖王做的第一份工作是在闹市开了一家深夜食堂，主打各种家常小菜以及一碗汤汁浓郁的牛肉面。食堂开在深夜，他想要给这个二线的、贪睡的、毫无夜生活的城市添一点心灵关怀。很可惜，这个城市残忍地拒绝了他的伟大关怀。

胖王的第一次创业在怀揣希望三个月，艰难抗争三个月，断断续续收尾一个月中，宣告停业。胖王准备关店的那一晚，我们几个好友一起吃饭，他已经由瘦王变成胖王了，他告诉我们他是压力大，吃的。

那天吃饭的几个朋友里，我是一个写书的，并不懂开店，其余几个人也都是在公司里上班，同样不懂。几个朋友劝胖王别开店了，开这种店又累又不容易赚钱，干脆夏天卖烧烤，冬天卖火锅吧，或者干脆就回原公司，做后期包装的工作，工资还是不少的。

胖王没说话，给我们又一人盛了一碗香汁浓郁的牛肉面。

◇

每一个人都可以凭自己的特长找到一个舒适区，
舒适区里是平淡而平凡的每一天，舒适区里更多的是对当下的妥协。

好吃。

之后，我以为胖王要第一次向生活妥协了。结果，胖王去日本玩了一趟，回来之后又火速地开了一家店，开始做日料。

他大学在东京读的，当时也是热衷于美食探索。这一次，投入更多，定位更"人文关怀"，甚至还开始向客人们提供陪聊服务了，就差公开写上你有故事我有酒，一口两口走一走了。

这样做，短时间内并没有给胖王增加任何收入，反而让胖王的时间变得越来越不够用。

因为胖王的店搬到了城市的另一端，我的写作任务也繁重起来，之后我和胖王约的机会就不多了。他朋友圈很少发有关他这个居酒屋的事情，我一度以为胖王又创业失败，销声匿迹了。

结果，过年的时候我才发现他不仅更胖了，他的店也扩张得更大了，今年又开了一家胖王龙虾。

那天深夜，胖王没睡，他发了一条矫情的朋友圈，大概意思就是找到自己之类的，还附了一张照片。胖王更胖了，戴着生日小皇冠，笑得像个地主，但是那一桌子菜看起来真好吃。

我忽然想起来，胖王在关了他第一个店的时候，我们从他店里走出来，我问胖王："你还要继续开店吗？"

胖王说："开吧，毕竟我做饭这么好吃，总会有人像我媳妇一样喜欢吃我做的饭的。"

2

量量和胖王的故事略相似，但是量量是个女生，与胖王的内敛不同，量量是那种跌倒了一定要哭一会儿的人。

如果说她和胖王有什么相同点的话，那就是他们都是那种在努力过自己想要的生活的人。

量量和我同年，我们一同实习的时候，她是摄影师，我负责采访。量量在大学期间就获过很多摄影奖，我们这种小杂志只有她一个摄影师，而且并不是以摄影为主，而是靠广告收入。

她来了差不多两个多月就迷茫了。中间她挣扎过，利用周末一次次跑北京去看展、听课，再之后过了一段时间就没有来上班了。

她再来的时候就是来收拾东西的，她告诉我她早辞职了。

她这段时间一直在儿童摄影工作室打工，能学一些经验但是并不是她想要最终努力的方向，她和她男朋友反复思量决定去杭州。

到了杭州之后，她男朋友进了网易，她则进了一家电商公司，专门拍产品。可是业余时，她总是在朋友圈分享一些她设定的游拍路线。

她是一个很热衷于分享自我生活动态的人，三年时间过去，她长胖了，又减肥三十斤，穿衣风格也变了很多，女摄影师的范儿日渐明显。她辞职创业，失败，又去找工作，之后再创业。

今年年初的时候，我去杭州参加某个作者的活动，我们借机见了一面，她开始做第三次尝试，再次辞职。

她讲起她自己这一次的打算，和我说她还是喜欢拍一些有创意的东西，不喜欢程序化的拍摄，辞职之后仍然准备拍客片的同时要做有自己特色的拍摄。

那天回去之后，她开始全国各地飞，去拍东西，甚至有时候还要出国。最早的时候，她凌晨四点多钟发朋友圈说自己起来搬砖了，经常十二点之后还没有睡。

但是我知道她现在很开心，因为这是她想要的生活。

那天，量量在朋友圈发了这么一段话："放着轻松的工作偏偏要出来风吹日晒，站着、跪着、趴着，但是还是要谢谢我这颗不安分的心，哪怕累着，也很开心。"

在看到这段话的时候，我特别有共鸣，因为现在的我也是处在很累却也很开心的状态。

3

以前工作的时候只需要完成"工作"即可，而每天自己努力的时候却是在努力成为自己。

其实，成为自己很累的，因为我们大多数人想要成为的那个"自己"都是一个理想状态下的自己，而越是这种理想状态下的自己，却越需要勇气和坚持以及不断地开拓。

勇气是在面对质疑和挫折的时候给自己打气，坚持是在辛苦和彷徨的时候换成动力，而不断开拓才是持久的生命力。

每一个人都可以凭自己的特长找到一个舒适区，舒适区里是平淡而平凡的每一天，舒适区里更多的是对当下的妥协。

而走出舒适区想要成为自己，需的是更多挑战，可是挑战过后是越来越坚定的内心。

很多人都想要成为自己，想要获得自己理想的生活，其实获得理想的生活很简单，却也很难。简单在于，你找到你的生活节奏，不断去打磨你的专业技能，这样你就能获得百分之八十的理想生活，难的则是百分之二十的突破则需要付出百分之一百二的努力。

疲惫期和迷茫期怎么过？坚持不下去到时候如何坚持？每当想要放弃的时候，其实可以再稍稍咬牙坚持一下的，成为自己需要更大的勇气，要忍受更多的痛苦。

可是，在努力成为更好的自己的每一天，都会又累却又开心地睡去，因为克服困难之后成为的自己，越来越坚定，越来越勇敢，越来越好。

奔放的招财猫

二更食堂、十点读书、思想聚焦、一刻、豆瓣等超高人气 APP、微信平台常驻头条作家，篇篇恋爱文章刷爆朋友圈，单篇累计阅读量 100 万。

已出版著作：
《男人谈恋爱，谈的是什么》
《记忆修理屋》

人是万物的尺度

苏更生 / 文

诺顿，你好呀。最近我的生活变得有了规律，早上起床后，喝杯咖啡，盘坐在椅子上，看着透过窗帘的阳光，天气总是很好，干燥又晴朗，桌上的花也开得很好。晚上看完书，喝一杯热牛奶，然后上床睡觉。日子很安静，安静到了接近于空气稀薄，呼吸声都很明显。

有时候整天都不说话，突然有个电话闯进来，开口的那一刻，听到自己的声音，觉得很陌生。诺顿先生，你喜欢住在城市里吗？如果一个人住在城市里，那这种接近寂寞的安静，会经常出现。美国有

否定任何情绪的价值，
就是否定了人的内心世界。

你最好的样子就是做自己

两个作家，卡佛和耶茨，你肯定知道，他们就是住在城市里的作家，过着稀薄的生活。他们笔下的孤独，是城市里特有的。若是住在乡下，孤独不会如此明显，热闹里的孤独藏得更深一些，但城市里的孤独，浮现在每个人的脸上。很久以前，我去搭过几次地铁，在密集的车厢里，一张张疲惫又苍白的脸，浮现出只属于城市的孤独。

我已经习惯了这种生活了，并不觉得有什么不妥。一个人生活，总是要学会如何处理时间、处理情绪、处理孤独，我把它们排列整齐，小心翼翼地放在我的生活里，我做得还不错呢。偶尔沮丧的时候，就窝在沙发里看电影，有天我一口气看了五部电影，在一个又一个的光影故事里，忘掉自己的情绪，回过神来，时间早已过去，沮丧的情绪也消失了。我对自己说，你做得很好。

诺顿先生，最近有个作家说，成熟就是人不再对自己的情绪一惊一乍，而是投身到现实的生活里，去解决问题，迅速地。我觉得这作家在骗人，他否认的情绪也属于现实生活，而不只是内心的某种不实际的起伏。我觉得这是对心理学的诬蔑，所有的心理医生都会站起来抗议。人活着，情绪是很重要的，更重要的是，知道这些情绪的意义，并且妥善地安抚和处置它们。

如果没有沮丧，那快乐是什么？如果没有难过，那开心是什么？它们的对立不仅存在于修辞学，也存在于事实，否定负面情绪的价值就是否定正面情绪的价值，进一步说，否定任何情绪的价值，就是否定了人的内心世界。

多可惜呀，如果这样就是成熟的话。我知道有人会说，因为情绪不产生价值，它们只是在内心反复上演。只有真实的行为，去执行、执行、再执行，才会产生社会正向价值。可是诺顿先生，我总是很怀疑这种观点，它只是不能产生金钱，并不等于不产生价值。**我总是很天真地认为，世界是由人组成的，人才是万物的尺度，而钱并不是。**虽然它是非常重要的衡量器，但并不是来衡量人本身的。个体的内心里的那些情绪，虽然并不值钱，但也值得关照。

为此，我总是对自己说："你可以慢慢来，你可以沮丧，你可以哭，就像关照一个陌生人一样，关照自己。"我知道这个世界很忙的，轰轰隆隆地急速前进，可是我也并没有过分的要求，只是关照自己，仅此而已。**人生在世，让自己活得舒适，照顾好自己的内心，总不是坏事。**

诺顿先生，不知道你对此有没有异议。我想即便你赞同我，也总会有人反对，认为这样是软弱，我还是会有些介意。在我们的文化里，人们赞许勇敢，赞许刚强，赞许百折不挠，赞许顽强拼搏，是的，我也是赞许的，这需要力量。但是我也赞许软弱，赞许哭泣，赞许眼泪，因为真实就是这样的。在这偌大的城市里，人们留给自己的时间不多，能和自我相处的时刻就更少了。可是谁没有在深夜里顾影自怜过呢？这没什么好羞愧的。

鸡汤再振奋，也不过是别人的人生，在社交媒体上，人们习惯于袒露快乐，分享成功，可是谁又知道谁在深夜痛哭过呢。诺顿先生，在这城市里的每个夜晚，都有人默默承受着孤独，那些未曾说出口就消失的情绪都在黑夜里永远地消失了。我们喜欢电影，喜欢小说，很可能是因为，它们记录的就是我们未曾表达业已消失的瞬间，为我们人生的空白添上了色彩。诺顿先生，我说得对吗？我想是有点道理的。我们为小说和电影花费的所有时间，都只是在确认自己，确认自己身上已有而不自知的东西。

有一天早上我在喝咖啡的时候，小猫挤到了我的身上，它执意让我抱着，对杯中的咖啡嗅了嗅，表示不感兴趣。在那个早上，猫似乎格外黏人，我抱着它，喝完了一杯咖啡。我也不知道，是它有些孤独，还是我有些孤独。我觉得这很好，猫和我，我和孤独，孤独和情绪，情绪和现实，都一并得到了认同。在我们共享的每个清晨里，猫得到了拥抱，而我得到了安慰。

您东半球官方指定唯一的女朋友

你最好的样子就是做自己 ♡

CHAPTER 2......

我很平凡，
但灵魂发光

人人生而平凡，我们都需要经历一些磨难，

主动成长，才能真正成为自己。

我们没有必要羡慕那些光亮的人，也没有必要自卑，

告诉自己，我很平凡，但灵魂发光，总有一天，

我不再是人群里的大多数，而是这个世界上独一无二的自己。

承认自己的平凡
又有什么不对

◇ 盒饭君 / 文

1

清明加班，"五一"加班，整个四月，我完成了三个月的工作量，分分钟觉得自己可能会猝死。

姐夫打电话来问我："你加那么多班，升官了吗？涨工资了吗？清明节都不回家，你一个做儿子该做的事，我这个做姐夫的人帮你做了。"我一句话都回答不上来。清明节姐夫去扫墓了，而我在加班。

我是一本杂志的主编，写过三本书，

甚至在香港的杂志上发表过作品。你可能觉得——我去，真厉害。可是，那些无数个加班到怀疑人生的日子，你都不曾看到过。

好长一段时间，我都在思考，我到底想要过什么样的日子。这个问题，我一直没想明白。姐夫的问题，我也回答不了。朋友圈里，偶尔看到做电影的朋友，常常半夜三四点发状态自我吐槽生活无望，我会觉得，谁又曾真的过得轻松过？

前些时间，我在豆瓣发状态：尽管有人告诉我，我的生活已经不错了，可金钱焦虑、表达焦虑、死亡焦虑、自我价值焦虑还是支配了我。人这一辈子只有一次，所以思考活着到底是为了什么，想得越多越觉得自己渺小，越觉得自己无能为力……

那些焦虑到底来自哪里？那么催促着我们向前走，仿佛打了鸡血似的朝前奔跑，好像这样就能过得更好，好到可以发在朋友圈，能够收割一大波点赞。那种来自表演的虚荣心，成了我们"丧丧"的生活里，唯一值得欣慰的事。

2

小时候爸妈从来没有说过："你看，那谁谁成绩多好……"

但是，我羡慕过高中的同桌，他看起来可以那么轻易地拿下文科班年级第一。和他同桌的那三年，一度让我绝望，我已经使出了全身力气，却还是做不到像他一样。

工作之后，我也羡慕过同事，能轻轻松松做一个漂亮的方案，能获得领导的认可，升职加薪，而自己做好手里的事情，几乎都要消耗掉自己很多下班时间。

当我花掉身上所有积蓄，还贷了七十多万的款在重庆买下一套小三室，一边觉得庆幸的时候，一边觉得自己贷款要还到退休，一辈子都被捆绑到这套房子上，而我的朋友正在准备买第三套房子。

好长一段时间，我都在这种对比的焦虑中，不断自我折磨。当朋友圈热衷于炫耀自己的成绩时，我们永远也无法忽视掉那些在我们眼前闪闪发光的人。当我们的光芒刺激到别人时，我们看到更刺眼的光，都会想："为什么，那不是我？"

失败的焦虑，像鼠疫，像癔症，控制着越来越多的人。被控制的人会说，我不过就是想过更好的生活，有错吗？没错。

可是当我们这样想的时候，已经站上了赌桌，赌资是我们的睡眠、健康、幸福感……

我认识很多打鸡血的人，有同事，有某作家，也有某个阶段的我自己。我们似乎都心想着向前跑吧，只要我们足够努力，就有可能获得成功，成为我们想要成为的人。我们接收到越来越多这样的信息，也越来越焦虑，所有那些看似鼓励的话，到最后根植在我们心里，让我们成为对比的受害者。

打破阶层，改变命运，成了打鸡血的人口中的高频词汇。当我们接受了对比带来的差距，我们似乎永远不能用自己的方式快乐生活，越发地难以接受那么多比自己更优秀的人，心里面还信仰着靠着努力，就能打破那些横亘在我们面前的坎坷。我们忘了，当我们得到 80 分的生活时，前面还有 100 分的生活，还有 120 分的生活。

追逐，又什么时候会是尽头呢？

3

有一次，我做了一个小范围的调查。

问："你在做着什么工作？觉得自己的工作是有希望的，

辛苦也值得期待吗？你的幸福感强吗？"

X 说："我在做地产文案，分分钟不想干，下一分钟又感谢老板赏饭吃，幸福感有点稀薄。"

在央企工作的 Y 说："我认为工作是用来赚钱谋生的，如果在工作中能获得幸福感，那就是锦上添花。所以说，能赚到钱让不赚钱时的生活拥有很强的幸福感的工作，就是有希望的工作。"

R 从英国留学回来，在电视台工作过一年，考了公务员，她说："我在做文秘，工作的未来是有希望的，但是现在的辛苦是不值得的，幸福感中上。"

N 说在做编辑，觉得自己的工作有希望，值得期待，公司好，幸福感爆棚。

K 是摄影师，她觉得很难说自己的工作是不是有希望，但是觉得自己非常充实。

…………

有的人在和生活的对抗中艰难前行，但是，尽管丧气横行，仍然有那么多人感到幸福。我和这些幸福感仍然很强的人聊了聊，他们很容易因为小小的欢愉而感到幸福，很少做横向比较。他们总是在看，今天的自己比昨天好在哪

我们忘了，当我们得到 80 分的生活时，
前面还有 100 分的生活，还有 120 分的生活。

你最好的样子就是做自己 ◇

里，而自己所做的一切，又会在明天换来怎样的结果。既然都在同一条跑道上，与其看别人的进度而错过了自己的风景，不如自己以更愉悦的方式前行。毕竟，我们的终点都一样，在追逐别人的时候，可能错过了很多我们旅程应该有的美丽。

网络让所有人都获得了机会，但同时，也轻易地把我们抛向一个巨大的池子。我们可以看到太多的参照物，他们可能是网红，可能是明星，可能是拥有先天优势的"富二代"，他们好像就那么近在咫尺地出现在我们生活里，我们点一点鼠标，敲一敲键盘，就能和他们发生联系。我们能看到一切，却越来越难看到我们自己。我们也忽略了，那些我们自以为可以轻松获得的联系根本就不是联系。

4

我们好像花了太多时间去看周围的人过得怎样，用他们作为我们人生的参照系。

我作为一个二线城市的青年，至少要做到谁谁谁那样。下限？不好意思，从来都没有考虑过下限的问题。承认自己平凡？怎么可能，我们都自带天之骄子的优越感，觉得自己注定不凡，就像《复仇者联盟3》里的雷神，觉得自己注定就是要打败灭霸一样……

姐姐、姐夫曾经多次和我提起，做出版工作有什么出息，那么苦，还不挣钱。姐姐甚至劝过我："去经商吧，做生意更挣钱。"还举出不少例子：她哪个侄儿，比我小几岁，自己开工作室，做软件，每个月都几万块。哪个朋友，一边工作一边开公司，收入也非常可观。

姐姐每次看我沉默，也就不说太多。我知道，她是真心为我好。只是，就算我沉默，也不代表我在生活面前低头了，认输了。

我在特别疲惫、特别辛苦的时候，也想过低头，想过认输，觉得老子不玩儿了。我就是一个普通人，我没办法每天都假装给自己打鸡血，仿佛自己伸伸手就可以获得成功。

想起大二的时候，教古代文学的老教授让我们第一志愿选择中文专业的人举手，我是举手的六个人之一，全班四十二个人，剩下的都是不情愿被调配过来的。

我发自内心地喜欢这份文字工作，有时候因为越来越多的人不爱看书无奈而悲伤，但仍然在咬牙坚持。是啊，我是真的热爱这样一份工作，这样一份做起来让我觉得有成就感的事，又怎么需要用收入来和其他人比拼呢？收入固然重要，可成就感这种事儿，又该怎么衡量？

那么多人在互相比较，用丧气互相影响，甚至形成一个强大的气场，改变着这个社会的普遍价值认同。丧、焦虑成为我们大多数人的共同点，金钱、颜值成为标准，让我们在所谓的鸡血和努力中，渐渐迷失了最本真的自己。我还能靠着一份或许收入不是那么高，但自己真正热爱的工作，这本身不也是值得庆幸的吗？

悲伤是大家的，而幸福才是"自找的"。认可自己，认可自己的平凡，认可自己或许比不过别人但今天比昨天好，认可自己当下做的事情就是小小的幸福。这些本应该很容易，但现在似乎变得很难了。在我们买很多管理学的书、成功学的书，学习如何成功的时候，我想，抽出一部分的精力，学习如何肯定自己，也不是那么难的事。

励志成长的东西有用吗？有。但是，过分地依赖也不一定能够找到答案。肯定自己的同时，其实也肯定了一点，我们每个人都是不同的，他人的经验能帮助我们，却不能造就我们。我们不能成为第二个马云，却可以成为第一个自己。在丧丧的生活里，你还能朝着自己想要的方向走，忠于内心，能赞美春风流水，能感受到喜怒哀乐，有人爱且被人爱着，我想，你就过着你最想要的生活。

盒饭君

原名满成蛟。媒体人、青年作者、电影发烧友。相信文字的力量，哪怕能给人带来刹那的愉悦，那都是我的荣幸。

已出版著作：
《我有预感，明日阳光灿烂》
《你只需努力，剩下的交给时光》

女孩 A 与女孩 B 的两种人生

1

◇ 七天 / 文

世界上有两种女孩，有一种女孩天生得到很多，丰盛的爱和物质，好像伸一伸手就有满身星光；另一种女孩天生就要学会争取，从贫瘠的人生里挣扎着向前走，先逃离原生家庭的无底洞，再跳过情情爱爱的陷阱，躲过职场女性角色的歧视，千辛万苦，还离理想人生差一大截儿。

女孩 A 是一个普通家庭的姑娘，典型的小镇青年，家中除了她还有一个弟弟。到高二那年，母亲曾试探着问她："家里钱紧得很，以后不上大学好不好？"女孩 A 哭着跟母亲大闹了一场，说就算砸锅卖铁自己也要上大学，母亲没拗过她，但跟她约定，大学每个月只给她五百块，其他的钱要她自己想办法。

女孩 A 觉得委屈，抬头时看到母亲身上穿着一件有七八年历史的短袖，又把话憋了回去，说"好"。

那一年她雄心壮志，想靠高考翻身，谁知道当年的数学题是那几年最变态的一次，她栽了坑，只考上一个普通的二本。

一路走来，她一直与"普通"二字贴身不离，除了高二那年考进了全校前十，这样的成绩如昙花一现，成为她永久怀念的巅峰。

她在大学四年中当过促销员，到报社实习过，来北京做过流水线上的小时工，谈过不靠谱的异地恋，大四那年才用节省下来的钱买了一个小小的安卓手机。那年，微信公众号才刚刚起步。她用买来的二手电脑零零散散写过几篇文章，但坚持了半年总阅读量也没有破万。

女孩 A 觉得自己前二十二年的生活是被日子推着走的。如果她不去兼职，她就没有生活费；如果她没有生活费，就没办法要到下一年的学费。她是那个永远没等到水晶鞋和王子的灰姑娘。

所谓的奇迹，不过是众筹几万个人的梦想，去向上帝交换一个机会，女孩 A 觉得自己永远是那个分母。

女孩 B 家庭富庶，出生于江南小镇，长得婉约又动人，小学就是学校的两道杠，从初中到高中练了五年小提琴，是有资格做特长生的，只是自己更喜欢文化课，所以小提琴也就成为了爱好而不是专业，高考那年被两家国内顶尖的大学抢着要。

大学开始没两个月，她跟同系的校草谈起了恋爱，两个人恋爱之余做了一个小的摄影工作室。大四那年，女孩 B 又申请了英国的大学，一毕业就飞到了伦敦读研，坦坦荡荡跟男友说了分手。

学成归来后，直接进了一家广告公司，闲暇时间自己琢磨起了公众号，没写几篇就爆出了第一篇 10w+。

她也有过无数深夜码稿的时刻，她见过凌晨三点的北京，她太清楚要多努力，才能显得毫不费力。

她自小获得过物质的好处，所以一过十八岁就开始学着挣钱，跟爸爸经商的朋友接触，明白努力不过是最基础的东西，她觉得努力无须炫耀，只有优秀，才能让人看到你。

女孩 A 在超市忙着打工的时候，女孩 B 在 25℃的外企空调房里做方案。女孩 A 在图书馆看书的时候，女孩 B 在跟外教上英语课。女孩 A 绕着操场一圈圈跑的时候，女孩 B 在健身房打卡私教课。

2

女孩 A 和女孩 B 在人生前二十年的时光中没有重叠，一个是小镇青年，一个是天之骄子。

她们两个是在大四实习那年的公司里遇见的。

女孩 B 看到中午大家都在聊天八卦，而女孩 A 独自捧着一本外国小说看得津津有味，把手里多买的一杯星巴克递给了她。

女孩 A 拘谨地说谢谢，两个人倒也就着书聊了起来。

女孩 A 说自己想要留在这家公司，女孩 B 笑了笑，说自己已经准备好读研的资料。在职场这场没有硝烟的战争中，女孩 A 的武器是勤奋，女孩 B 的武器是专业。段数不同，但好过手无寸铁，妄想靠混日子和混美貌搏得一片天空。

女孩 A 挣两千，花八百，她住在宿舍，吃在食堂，攒了钱为毕业后押一付三的房租做准备。女孩 B 挣两千，花两万，这个工作于她不过是打开交际圈的机会，她看重的不是工资，而是人脉。唯一相同的是，两个人都知道这个公司不会是她们长久的归宿，从这里拿走什么才是最重要的。

女孩 A 带走的是一份专业技能，她靠着这样的实习经历进入了一家大型公司。小公司学做事，大公司学做人，她太清楚在她一无所有的时候，唯有练好专业技能才是她的全部依靠。女孩 B 带走的是她得到的人脉，这样的资源一直利用到她后面的创业中，她年纪轻轻，却懂得经营与谋略。

3

女孩 A 是我，而女孩 B，就是我成长路上，遇到的一个闪闪发光的姑娘。她比我家世好，比我能力突出，比我选择多，重要的是，比我更努力。

我们常常以为比自己优秀的人，不是用来嫉妒，而是用来超越的。但事实上，有很多人，你从一开始就超越不了。与其想着弯道超出别人的轨道，不如走好自己既定的轨道。在宇宙空间中，有无数行星是互不打扰的，它们不贪恋别人轨迹里的风景，只觉得能够始终前行就是福报。

一开始，我们没办法选择成为女孩 A 和女孩 B，但是随着岁月渐长，我们走过无数个十字路口，然后停下来，选择一个走下去。走着走着才发现，有些成长是殊途同归的。这种相同与你们的身家和地位无关，它更像是一种频率。因为清楚自己能做什么，该做什么，并不在意有什么局限就去做，没钱有没钱的奋斗方式，有钱有有钱的进阶渠道。

她在她的创业路上所向披靡，勇敢前进，意气风发地打拼着。我在我的白领生涯中打小怪兽攒经验，岁月静好地缓步前进。

4

去年女孩 B 路过北京的时候约我吃了一顿饭，我赶完了当天的稿子以迟到半个小时的状况与她见了面。聊天中她转着无名指的戒指笑着说："我去年结婚了，宝宝明年就要出生了。"

我曾经以为她会纵横职场，带着员工们开疆辟土把自媒体生意做得风生水起，谁料她说这次来北京，是来沟通一个童装电商的合作。

"你之前的生意怎么办？""不做了啊！""怎么这么干脆，你之前也没接触过童装行业吧？""是没接触过呀，但是有什么害怕的。而且我马上就要当妈了，自己边养娃边练手，母婴市场肯定是红利期，我准备入场了。"

我曾经以为女孩 B 的目标是职场，爱情家庭于她是蜻蜓点水，却不知她也会为了珍爱的小生命改变轨迹。她聪慧有才，雷厉风行，职场于她是一片广阔天地，可是生儿育女，重新开始亦是她人生的幸福所在。

她问我目前在做什么，我说："我还在上班，业余做公号，闲暇时做做采访。"她笑了笑："还看书吗？""当然，今年目标是一百本。""那你要小心了，我今年的阅读量直逼四位数了。"我笑了笑："我们不一样。"我想表达的，是她起点比我高太多，我妄然追求她的速度，只会冒冒失失丢掉自己的所得。但我想了想说："但是又一样，我们都是按照自己的节奏在生活的人。"她也笑了："是啊，当时看到你那么拼命的样子，真怕你跟大多数人一样，只是把努力当作幌子，把别人当成标杆，而忽略了自我。"

女孩 B 曾经也问过我："你想要更多吗？""怎么会不想呢？谁甘心来世间只做灰姑娘，无数的少男少女千辛万苦从小镇走到大城市，不仅是为了看到世界，更是想要世界看到自己。想要是一种欲望，怎么要，却是战略和技能的结合。好高骛远是不可取的，好运气是不可求的。唯一能把握的，是眼前的这双手，赤手空拳地向前走，虽然艰辛了点，但好过依靠别人风险不可控。"

我也问女孩 B：“你不怕失去很多吗？”“怎么会不怕呢？可是怕解决不了问题，你得敢。敢从头开始，敢转变航向，敢为了你想要拥抱的，舍弃你已经拥有的。”女孩 B 说，对待命运的方式，不是顺遂和祈求，是迎难而上，所谓的狭路相逢，勇者未必能胜，只是不想输。

我们都对自己此刻的所得无比满意，她走得快，却转了弯，未必不是另一种人生；我走得慢，但仍旧心系前方，应该还会有更好的可能。给我们以信心的，是岁月，是时间，是一点点地重塑自我，摆脱别人的期待，找到适合自己的鞋子和路。

凯鲁亚克在《在路上》这部小说里写下：“在这条路上走下去，明珠会交到我手上。”但愿你能找到属于你的路，得到你想要的明珠。

七天　青年作者、编辑、「ONE·一个」热门专栏作者。人民日报、新华网、共青团中央、十点读书点赞励志 90 后作者。

我的书，
比你的衣服贵

◇ Jenny 乔 / 文

1

前两天，约了个老朋友在南城吃饭。她没车，所以我只好穿过大半个北京城去见她。因为堵车，一个小时的车程开了整整两个半小时，午饭直接变成下午茶。还好约的是一家带简餐的咖啡厅，要是火锅店，就尴尬了。

等人，是一件多烦的事儿，等过的人都懂。特别是在餐厅，一个人傻坐着，迎接你的是各种奇怪的目光。换作是我，可能手机都玩儿没电了。可人家倒好，我急急忙忙冲到餐厅的时候，她正坐在那儿认真看书，还拿笔写写画画。看见我，把书一合，微微一笑，说了三个字："你来啦。"

当时，我脑海里就一个念头：这种同龄人比堵车还可怕。

2

我们俩认识快十年了。这十年里，她变了很多，从单身变成了已婚，从小职员变成了管理层。可有一点一直没变，就是走到哪儿都带本书。

有一年，我们俩去美国玩，我背了个空箱子，打算去买买买；她背了半箱子书，说倒时差睡不着可以看。结果，回来的路上，我买了一箱子衣服，她又买了半箱子原版书。而且，那些书比我的衣服还贵。

这些年，她在我心里一直是个很特别的人，无论多忙，我都会找时间约她，就怕两个人越走越远。

可能每个人心里都有这么个朋友，她像是你的标杆，又像是"假想敌"。我总希望自己能在某个方面超越她，哪怕齐头并进也是极好的。

可她永远是那种看起来和你一样，你却永远追不上的状态。她的见识永远比你多一点，视野永远比你宽一点。你说什么，她都能分析得头头是道；她说什么，你都各种听不懂。

有这么个朋友，真是让人"悲喜交加"。喜的是，她能鞭策你。悲的是，她一辈子在鞭策你。

3

曾在网上看过这样一期节目，主持人提了个问题，我觉得很受刺激。

如果在一次聚会上，你遇见两位女士，一个拿的包看上去挺一般，但谈吐不俗，一张口就引用了《经济学人》杂志对英国大选的分析；另一个拿着很贵的名牌包，说的却都是电视剧和明星八卦。你觉得谁的社会地位更高？

我想了想，不说社会地位，至少对我来说，更愿意和前者交往。这个世界上，知识量是很贵的。这可能就是一个人的文化资本，也就是谈资。

说起谈资，这些年我最深的感触就是，越和人聊天，越不敢聊。

班门弄斧真正的可怕之处，不是丢脸，而是你根本不知道自己丢了脸。有时候，没人会告诉你，他们早就看穿了你，然后只会点头微笑。甚至有时候，你觉得自己知道得挺多的，可别人一问，就哑口无言。

最近，"中年危机"这个词频频出现。

其实不只是中年，每个年龄段的人都有自己的"危机"。这个时代的工作，可替代性太强了。你前脚提辞职报告，还没来得及缅怀一下，后脚就有人搬进你的工位。

在职场混了这么多年，我最恐惧的时刻就是遇见一个比我还内行的外行。当别人谈论你最擅长的知识，还说得比你透彻的时候，怎么可能没有危机感？

学习是一辈子的事儿，因为这个世界上，连知识点都是不稳定的。

4

今天，许多人已经习惯了碎片化的阅读方式，似乎并不欣赏那些走到哪儿都带着书的人，觉得他们只是装。

我觉得不是，至少在我看来，读书没有什么时候读、怎么读之分，只有读与不读的差别。因为读书是一种态度，有些人在图书馆坐一天刷微博，有些人在垃圾桶旁读经典。

那些爱看书的人，除了能保持竞争力，还有无法比拟的优势，就是凡事想得开，烦恼特别少。

开篇提到的那个书痴朋友，有一年夏天，我们俩去南方玩，回北京的时候遇上飞机延误，整整等了六个小时。

我焦虑地走来走去，一会儿发微信给北京的朋友了解天气，一会儿向空姐询问状态。可一旁的朋友悠闲地拿出一本书，要了杯热茶，不言不语，不焦不躁，一副有书万事足的样子。

她遇上烦心事儿，很少抱怨，就拿一本书坐在咖啡馆里。真像罗曼·罗兰说的："和书生活在一起，永远不会叹气。"

想起一部美剧中的情节，Miya 因为家庭的诈骗丑闻陷入媒体的狂轰滥炸中，她事务所的同伴 Lucca 只给了她一个建议，找本书看，不要上网，不要看新闻，只是看书就好了。这真的是我听过最好的建议了。

有人说，你越读书，越能看见自己的无知。因为无知，才会对人心生敬畏，也才会对生命多出一点豁达。

不以物喜，不以己悲，顺境时勇往直前，逆境时豁达坚韧，这样的人，可能是你我永远都无法打败的对手。

Jenny 乔

Jenny 乔，自由撰稿人，名校毕业，海归留学，乔见工作室创始人。

你只是看上去过得很好

〰〰〰
◇ 孙晴悦 / 文

1

这是我很长时间的一个自我感受。

很多人说，羡慕我的生活。

我还在驻外的时候，他们说羡慕我可以去那么多的地方，羡慕我工作之余可以认识这么多形形色色的人，羡慕我可以用自己的眼睛看世界，并且把自己看到的世界传递给观众。

后来，我卸任了，他们依然说羡慕我的生活。羡慕我三十岁不到看了世界，又及时回来了；羡慕我漂泊了这么长时间，可以在国内过上安稳的生活；羡慕我开始写作，被越来越多人喜欢。

有一些时刻，我就活在大家的羡慕里，以为自己真的过得不错。但是更多的时间里，我对自己有着深深的怀疑，我觉得那些别人羡慕我的，那些虚无缥缈的东西，那些都不是我的。而我，只是看上去过得很好。

2

我把这样的惶恐说给琳达听。

然后她说，不是你，好多好多人都是这样。

我们都只是看上去过得很好。

在别人眼里过得好，其实是一个非常直观并且可以被量化的东西。那些和我们不在同一频率的七大姑八大姨，那些邻居长辈，有着一个非常模糊但又确定的标准。你工作安稳，已婚，有孩子。打上这三个钩，足够证明你过得非常好了。

他们眼里的工作安稳是什么标准呢？

是有编制，不用太辛苦，朝九晚五，即使躺着也不会被开除，可以有时间照顾孩子的工作。

他们眼里已婚是什么概念呢？

只要你已婚。不管你是匆匆相亲闪婚，还是心有不甘地嫁给了千年备胎。无论你有没有嫁给那个对的人，有没有过上实实在在的幸福生活，都没有关系。只要你已婚，这个钩算是又打上了。他们眼里有孩子是什么意思呢？只要你已经生了娃。无论你有没有准备好，即便你是甩手掌柜，孩子全由爷爷奶奶帮着带，还是你月月需要家里补贴，才勉强够一家三口生活费；无论你是否心智成熟地接受你要生一个孩子，从此的生活会带来巨大的变化，都没有关系，只要你生了，打钩！

然后，你居然就看上去过得还不错哎！

然后，你就能变成那个别人家的孩子了，你看看老王家女儿，要啥有啥，你再看看你自己。

3

可是，没有人问你，你过得快乐吗？

你甚至自己都把自己欺骗了，你长期生活在自己以为自己过得很好的幻觉中，再也不想醒来了。

哪怕每天做着毫无希望的工作，日复一日，年复一年，有很多很多个心灰意冷的时刻。

哪怕为了满足父母的意愿，匆匆相亲匆匆结婚，没有来得及等到那个对的人，长夜漫漫那些不甘心根本无人诉说。

但是你不想醒来了，因为这样过着不费劲。

因为这样过着不用讨好，不用拼命，不用野心勃勃，自然也没有失望。

因为有一个词语，叫旱涝保收，大概就是这样（我一直以为这是个褒义词，但是为什么用在这里心里却这么凉）。

因为他们说，你过得还不错。

4

前几天，有一个关系非常好的朋友发了朋友圈，纪念在某著名民族企业的七年时光。

他在海外工作过很多年，回国后也是升职加薪，是某民族企业省公司的财务总监。他比我早一年卸任，一同玩耍的小伙伴，包括我，都觉得他无论是在海外还是回国以后，都过得非常好。

看到朋友圈，我有点小震惊，发了微信问他，你辞职了？

果不其然，他真的辞职了。

在我们看来，他多年努力，在海外拼搏，终于得到了他想要的一切，至少他在这个节点上过得非常好。

他辞去了省公司财务总监的职位，离开家乡，去了帝都，加盟一家创业公司。

问他为什么辞职，他打了寥寥几个字："再不疯狂就老了。"

所以，从来就没有别人看上去过得很好的生活。我们看来他得到了想要的一切，应该是好好享受丰收果实的时候。

甚至，我们看来，他这个转换，行业不同了，职位不同了，城市不同了，风险很大，一不小心就要过得不好。

他却不满意这个现状，他永远往前看，他有他想过的新的生活。

但是我其实深深地懂，哪怕别人眼里看着再怎么不好，那是他心里想过的生活。

而好的生活从来都不是别人价值观下的，好的生活从来都只有一个评价标准：我们自己觉得好。

5

因为委屈的时候没有人替你受着，难过的时候没有人替你哭泣，不甘心的时候没有人替你换一种活法。

只有我们自己觉得好，那些困难和委屈，我们才能扛得下来，
那些欢乐和悲伤，我们才能统统照单全收。

只有我们自己觉得好，那些困难和委屈，我们才能扛得下来；那些欢乐和悲伤，我们才能统统照单全收。

这条路，我们自己选的，我们才能心甘情愿地，咬牙也要走下去。

他刚换新工作，异常忙碌。我们匆匆在微信上说了几句，没有细聊。

但是我能想见一个再一次意气风发的少年，哈哈，像少年一样的青年，再一次出发的场景。

他不要再活在别人觉得很好的生活里，不想要只是看上去过得很好。

年轻。热血。在路上。

他想要真正过得好。

6

很多姑娘给我后台留言，她们给我说她们自己的故事。

她们说，长辈们觉得当个小学老师体面又安稳，可是她们根本不喜欢教书。

她们说，在医学院上课上得很辛苦，五年本科加三年研究生，她们熬不下来，只是因为父母说女孩子当医生体面。

她们说，她们非常确定自己想要找什么样的老公，只是目前还没有遇到，但是父母逼着她们要相亲要结婚。

她们中的大部分，就这样，一步一步，过着自己不想要的生活；她们也悲伤，也愤怒，但是却无力改变，因为最后的结尾她们总会对我说，"但是，我身边的人都觉得我这样挺好。"

我看着很心疼，因为我心里知道，当别人都觉得你过得还不错的时候，要冲破这样的幻觉，要直面自己的内心，是多么艰难，要付出多么巨大的努力。

7

我有一次看于小戈发的微博。

"每次快把自己累垮逼疯的时候，都会再问自己一遍：你有没有片刻羡慕过岁月静好的人生？有。但超过三秒的并没有。"

不管别人觉得你过得好不好，我们自己就不要再自己欺骗自己了；别人不理解为什么这么辛苦还在拼命向前，我们也许只怀疑了三秒就又甘之如饴地继续奋斗了。

而也许，你心里就想要岁月静好的生活，那么也完全不用受周围人的影响，不用非把自己逼在北上广，非把自己逼着去追求诗和远方，都是拧巴。

只是一点，你千万不要只是看上去过得好。

你要打心底里过着你想过的生活，这样你才能从心里生长出希望，爱着你现在的状态，并且还期盼着未来。

孙晴悦

媒体人，曾任央视驻外记者。在朝九晚五的日子里，寻找诗和远方。晴悦笔记，年轻女孩的才貌双全生活指南。

已出版著作：
《二十几岁，没有十年》
《做没做过的事，爱没爱过的人》

谎言三叶草

🔹 毕淑敏 / 文

人总是要说谎的，谁要是说自己不说谎，这就是一个彻头彻尾的谎言。有的人一生都在说谎，他的存在就是一个谎言。世界是由真实的材料构成的，谎言像泡沫一样浮在表面，时间使它消耗殆尽，就好像从来没有存在过似的。

有的人偶尔说谎，除了他自己，没有人知道这是一个谎言。谎言在某些时候表达的只是说话人的善良愿望，只要不害人，说说也无妨。对谎言刻骨铭心的印象可以追溯很远。

小的时候在幼儿园，每天游戏时有一个节目，就是小朋友说自己家里有什么玩具。一个说："我家有会说话的玩具青蛙。"那时我们只见过上了弦会蹦的铁皮蛤蟆，小小的心眼一算计，大人们既然能造出会跑的动物，应该也能让它叫唤，就都信了。

又一个小朋友说："我家有一个玩具火车，像一间房子那样长……"我呆呆地看着那个男孩，前一天我才到他们家玩过，绝没有看到那么庞大的火车……我本来是可以拆穿这个谎言的，但是看到大家那么兴奋地注视着说谎者，就不由自主地说："我们家也有一列玩具火车，像操场那么长……""哇！哇！那么长的火车！多好啊！"小伙伴齐声赞叹。

"那你明天把它带到幼儿园里让我们看看好了。"那个男孩沉着地说。"好啊！好啊！"大家欢呼雀跃。我幼小身体里的血液一下凝住了。天哪，我到哪里去找那么宏伟的玩具火车？也许世界上根本就没有造出来！

我看着那个男孩，我从他小小的褐色眼珠里读出了期望。他为什么会这么有兴趣？依我们小小的年纪，还完全不懂得落井下石……想啊想，我终于明白了。我大声对他也对大家说："让他先把房子一样大的火车拿来给咱们看，我就把家里操场一样长的火车带来。"危机就这样缓解了。

第二天，我悄悄地观察着大家。我真怕大伙儿追问那个男孩，因为我知道他是拿不出来的。大家在嘲笑了他之后，就会问我要操场一般大的玩具火车。我和那个男孩忐忑不安，彼此都没说什么。只是一整天都是我俩在一起玩。幸好那天很平静，没有一个小朋友提起过这件事。我小小的心提在喉咙口很久，我怕哪个记性好的小朋友突然想起来。但是日子一天天平安地过去了，大家都遗忘了，以后再说起玩具的时候，我吓得要死，但并没有人说火车的事。

真正把心放下来是从幼儿园毕业的那天。当我离开朝夕相处的老师和小朋友的时候，当然也有点恋恋不舍，但主要是像鸟一样地轻松了，我再也不用为那列子虚乌有的火车操心了。这是我有记忆以来最清晰的一次说谎，它给我心理上造成的沉重负担，简直是一项童年之最。

在漫长的岁月里我无数次地反思，总结出几条教训。一是撒谎其实不值得。图了一时的快活，遭了长期的苦痛，占小便宜吃大亏。**不到万不得已，不要说谎。**

二是说谎很普遍。且不说那个男孩显然在说谎，就是其他的小朋友也经常浸泡在谎言之中。证据就是他们并不追问我大火车的下落了。小孩的记性其实极好，他们不问并不是忘了，而是觉得此事没指望了。也就是说，他们知道这是一个骗局。他们之所以能看清真相，是因为感同身受。

三是说谎是一门学问，需要好好研究，主要是为了找出规律，知道什么时候可说谎，什么时候不可说谎，划一个严格的界限。附带的是要锻炼出一双能识谎言的眼睛，在苍茫人海中谨防受骗。修炼多年，对于说谎的原则，我有了些许心得。平素我是不说谎的，没有别的理由，只是因为怕累。

人活在世上，真实的世界已经太多麻烦，再加上一个虚幻世界掺和在里面，岂不更乱了套？但在我的心灵深处，生长着一棵谎言三叶草。当它的每一片叶子都被我毫不犹豫地摘下来的时候，我就开始说谎了。

它的第一片叶子是善良。不要以为所有的谎言都是恶意的，善良更容易把我们载到谎言的彼岸。我当过许多年的医生，当那些身患绝症的病人殷殷地拉着我的手，眼巴巴地问："大夫，你说我还能治好吗？"我总是毫不踌躇地回答："能治好！"我甚至不觉得这是谎言。它是我和病人心中共同的希望，在不远的微明处闪着光。当事情没有糟到一塌糊涂的时候，善良的谎言也是支撑我们前进的动力啊！

三叶草的第二片叶子是此谎言没有险恶的后果，更像是一个诙谐的玩笑或是温婉的借口。比如文学界的朋友聚会是一般人眼中高雅的所在，但我多半是不感兴趣的。

我对未知的事物充满了兴趣，很愿意同普通的工人、农民或是哪一行当的专家待在一起，听他们讲我不知道的故事，至于作家聚在一起要说些什么，我大概是有数的，不听也罢。但人家邀了你是好意，断然拒绝不但不礼貌，也是一种骄傲的表现，和我的本意相差太远。这时候，除了极好的老师和朋友的聚会我会兴高采烈地奔去，此外一般都是找一个借口推托了。比如我说正在写东西，或是已经有了约会……总之，让自己和别人都有台阶下。这算不算撒谎？好像要算的。但它结了一个甜甜的果子，维护了双方的面子，挺好的一件事。

第三片叶子是我为自己规定的，谎言可以为维护自尊心而说。我们常常会做错事。错误并没有什么了不起，改过来就是了。但因了错误在众人面前伤了自尊心，就由外伤变成了内伤，不是一时半会儿治得好的。我并不是包庇自己的错误，我会在没有人的暗夜深深检讨自己的问题。但我不愿在众目睽睽之下，把自己像次品一般展览。也许每个人对自尊的感受阈不同，但大多数人在这个问题上都很敏感。

想当年，一个聪敏的小男孩打碎了姑姑家的花瓶没有承认，也是怕自己太丢面子了。既然革命导师都会有这种顾虑，我们自然也可原谅自己。为了自尊，我们可以说谎；同样为了自尊，我们不可将谎言维持得太久。

因为真正的自尊是建立在不断完善自己的基础上的，谎言只不过是暂时的烟雾。它为我们争取来了时间，我们要在烟雾还没有消散的时候，把自己整旧如新。假如沉迷于自造的虚幻，烟雾消散之时，现实将更加窘急。

随着年龄的增长，心田里的谎言三叶草渐渐凋零。我有的时候还会说谎，但频率减少了许多。究其原因，我想，谎言有时表达了一种愿望，折射出我们对事实朦胧的希望。

生命的年轮一圈圈增加，世界的本来面目像琥珀中的甲虫越发纤毫毕现，需要我们更勇敢地凝视它。我已知觉人生的第一要素不是善，而是真。我已不惧怕残酷的真相，对过失可能的恶劣的后果有了兵来将挡、水来土掩的勇气。甚至对于自尊也变得有韧性多了。**自尊，便是自己尊重自己，只要你自己不倒，别人可以把你按倒在地上，却不能阻止你满面尘土、遍体伤痕地站起来。**

有的人总是说谎，那不是谎言三叶草的问题，简直是荒谬的茅草地了。对这种人，我并不因为自己也说过谎而谅解他们，偶尔一说和家常便饭地说，还是有原则上的区别的。中国有句古话，叫作"人之将死，其言也善"。我觉得这个"善"字就是真实的意思。也就是说，人到临死的时候就不说谎了。但这个省悟，似乎来得太晚了一点。活着而不说谎，当是人生的大境界。

毕淑敏

国家一级作家、内科主治医师、心理咨询师。被王蒙称为"文学界的白衣天使"。她的文字独特、有温度、倾注着对生命的爱和对这个世界的悲悯。

已出版著作：
《你要好好爱自己》
《你要学着自己强大》等

3

CHAPTER

你最好的样子
就是做自己

很多时候，不管我们做什么，周围总会充满反对的声音，

有些人"善意的阻拦"让我们放弃了自己原有的坚持，

不知不觉中，我们在按照别人的方式生活。

活成自己最好的样子，不需要别人告诉我们应该做什么、怎样做，

不因为别人的看法而改变自己的初衷，不随波逐流，坚持做自己。

那些不合群的女人，
大都活出了高级的人生

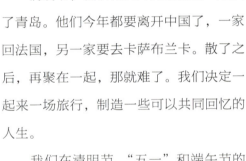

💎 卢璐 / 文

清明节，我们和另外两家朋友一起去了青岛。他们今年都要离开中国了，一家回法国，另一家要去卡萨布兰卡。散了之后，再聚在一起，那就难了。我们决定一起来一场旅行，制造一些可以共同回忆的人生。

我们在清明节、"五一"和端午节的小长假里，选了清明节。我妈说："清明节可不是游览青岛的好季节，可能会下雨刮风，还有点冷。"

我说："没关系，天冷，游人少，清静。"

1

这些年，我越来越不去人多的地方，无论是餐厅、商场，还是旅游景点，只要看到乌泱泱的人群，我就觉得有点头晕。

前几年夏天，我们去朋友家吃饭，卢先生从办公室直接去，我带着孩子从家里去。叫不上车，我带着两个孩子去坐地铁。那时子觅两岁多，可以走，但主要靠抱，幸好我还有一点常识，没有推童车。

周五下班高峰，我们在巨大的人民广场地铁站里换乘，从四方八面涌过来又推过去的人潮，把我们娘仨儿冲刷得摇摆不停。

当我终于走到朋友家，开门后，我把孩子、东西往朋友手里一塞，整个人瘫坐在换鞋的凳子上，一阵阵中暑似的头晕。

旁边的卢中瀚说："我也是坐地铁来的，今天没有比平常更挤。你这叫作矫情。"我对他的话不以为然。

我上中学的时候，学校离家很远。没有坐过中国九十年代公共汽车的人，根本不能理解什么才叫作挤成沙丁鱼状。

不知道有多少次，我都觉得被挤窒息了，或者挤断了肋骨，挤破了肚皮，可我也好好地活下来了！

在城市里，很多人每天都去挤地铁或者公交车，那是因为生活所迫，别无选择；在春运大厅里，人山人海挤着买票，上车，那是因为归家心切，为了亲人团聚；每年幼儿园招生，家长们彻夜不眠挤着排队，那是为了孩子的前程，在所不惜……

每天，我们都要面临很多不得不去硬挤的人生状况，只能调整心态，抱着完成任务的目的，视死如归地完成。

可是，在我们的人生中，还有很多根本不必要的随大流、凑热闹式的拥挤，却又为了什么？

2

有一次，下午四点多，我们走过南京东路口，看到一个几十米长的队伍，用肉眼可见的速度不停加长。

从众是人性中最基本的分子，路人看到这种情景，都纷纷驻步，凑过去打听究竟。原来是有间餐厅做活动，吃饭可以免费送一道荤菜。

有酒店人员在维护队伍，态度生硬地呵斥路人："你们要吃就去后面排队，不吃别站在这里扰乱秩序。"

任何时候、任何地方，服务生的态度都和人流量成反比。人越多，态度越差，这是一个无法改变的定律。

真有路人立刻奔去排队，而我们选择离开。卢先生不懂中文，一直在问："这间餐厅在上海特有名吗？送什么菜啊？别的地方吃不到吗？是送特别贵的菜，例如龙虾吗？"

若排队的只有爱占便宜的大妈，或者吃不上饭的乞丐，我也可以理解。可是，队伍中不乏西装革履、时尚精致的年轻白领，如此消耗生命，人生难道没有别的事情可以做吗？

事实上，人们的盲目从众，又何止如此？

3

清明节前，有朋友来家里喝咖啡，带了两盒"杏花楼"的网红青团，我大惊，问她："你去排队了吗？"

她笑："网上黄牛代购的。"

江浙有初春吃青团的习惯。用初春刚发的艾草嫩芽的汁液，和着糯米粉揉成团，蒸制而成。吃到嘴里，有点艾草的清香，从小吃大的上海人觉得，这就是春天的味道。对于来自北方的我而言，春天的味道应该是香椿芽儿，艾草略苦，发涩。

杏花楼的青团，大约是从 2016 年爆红的。那时候，每天要排七八个小时的队，朋友圈里全是买到青团的胜利。今年已经大不如前，仅仅排两三个小时的队，就可以买到了。

可是，排八个小时的队，就算排三个小时的队，为了买一个青团，这到底是什么初衷与心态？

在我看来，这根本是对自己人生和智慧的一种玷污。

人生中八个小时的价值，远远高于几个青团啊，也高于爆红的冰激凌、奶茶、乳酪蛋糕、饼干，某款限量款的包包、鞋子，爆红的餐厅，或者什么旅游景点……

的确，价格是一种成本，可是时间才是人生中最稀有的成本，如此从众，根本就是湮灭了自己的人生。

4

我大学修服装设计。我们有个教服装工艺的老师，曾经是西装厂的裁缝，能到大学当老师，完全是凭着自己的好手艺。他说了一句不是书本上的土话："人眼随斜。"

一个时尚刚刚出炉的时候，在大多数人眼中都是丑的，可是随着流行的推进，看得多了，人们就会觉得"没有那么丑""看起来还不错""真的很流行""原来特别适合我"，会有这一系列的心理过程。

其实，"时尚"就是小狗在努力咬着自己的尾巴兜圈圈时玩的一个游戏，根本没有什么前卫和落伍，有的只是"从众"和"出众"。

的确，价格是一种成本，可是时间才是人生中最稀有的成本，
如此从众，根本就是湮灭了自己的人生。

你最好的样子就是做自己 ◇

跟着大众的步伐前行就是"从众"；无论走在大众的前面还是后面，都是"出众"。我向来对那些先锋、前卫艺术流派，没有什么特别的敬畏和佩服。

　　因为前卫是相对的，要根据我们自定义的支点来决定。

　　这个道理也适合于这几年一直在被爆炒的另一个概念——小众。

　　有一次，我和某电商平台的人开会讨论合作，对方给到的产品名册，都是些没有听说过的、没有背书、可价格比奢侈品略低、比大众品牌高出许多的"小众"。

　　我很坦白："我很喜欢，也尊重小众，但是我不能接受把小众作为一个炒作的卖点。对于这种从天而降、定价大大高于品质的小众，对不起，我没有信心。"

　　对方电商总监说："这款英国小众，就是他们对自己的品牌有态度，有要求，所以才几十年如一日地刻意保持低调、小众。"

　　我说："那为什么改变了想法？想要变成大众？"

　　她说："卢老师，你可能还不了解，他们并不想把它变成大众，他们只是想让更多人知道自己的品牌……"

　　在我变老之前，我曾经有过"愤青"的倾向，现在我努力变得平和，但是常常露出尾巴。一下子没忍住，我打断了她的话："小众，就是还没有被大众知晓和接受，如果大家都知道了，那不就是大众吗？"

一个真正想保持小众的品牌，是不会去想办法找到中国供应商，拼命扩大市场份额的。事实上，在商业社会中，再有格调、再贵族、再有情操的小众品牌，甩一个亿到桌子上，他也会欢天喜地把钱收起来，把品牌做成具有大众效应、商业化的"小众"。

5

渐渐地，我不再去人多的地方，不再吃网红食品，不去看"不可错过"的风景，不买那些"限量级"的款式，我还有过提着野餐篮到了公园门口，又打道回府，把野餐布铺在客厅的经历。

我努力后退，与人群反向而行，找个灯火阑珊的地方，独自冷清。

渐渐地，我宁愿去贵一点的餐厅，只为了吃饭的时候比较安静；我宁愿错过一年一度的钱塘海潮或者樱花美景，只为了浮生半日不被挤成肉饼；我宁愿穿着几十年穿惯了的衣服，不管是前卫还是落伍；我宁愿被别人看成孤陋寡闻，与世隔绝，只是为了不争先恐后，赶超流行。

其实，在社会中，高级的最基本特征，从来都不是让人心惊肉跳的昂贵、惨不忍睹的流行，抑或是人人都趋之若鹜的蜂拥。

高级的人生，从来都是对于空间的占有和资源的富余。再好的东西，在人群中你推我攘，就失去了高级的美丽。

助理说："你说来说去这一大堆，根本就是有了年纪，有了钱，Diss（轻视）我们年轻人的无病呻吟。"

我摇头，人民广场相亲角看看那些商谈几千万项目重组、合作的大爷大妈，估计和早上去家乐福排队疯抢打折鸡蛋是同一拨儿人。

有的道理并不是年纪和资产累积到了，就能水到渠成。

总有一天，当我们终于明白了这个道理，终于可以做到背弃大众，闲散慵懒地做自己的时候，我们才能有一个雍容浅淡的贵气人生。

只是这个道理，走不到这一步的人永远也不会懂。

卢璐说

优雅女性自媒体"卢璐说"创始人，她以独特的视角和鲜明的格局，牢牢吸引了近八十万读者的心。

已出版著作：
《和谁走过万水千山》

可是，你为什么不相信自己能过上喜欢的生活

〇 小木头 / 文

今天我很喜欢的一位博主发了条微博，讨论什么叫"寒门贵子"，到底什么样算寒门，什么样又算是我们评价贵子的标准？

我顺手回复了一下我认为的标准：

精神独立，能够为自己负责，过自己喜欢的生活，拥有哪怕平静但幸福的一生，普通人也没关系，这就是我的"贵子"标准了。

好多人点赞，也有好多人说"仅仅过自己喜欢的生活"这一条就很难做到，普通人是做不到的。

这跟我前几年遇到的提问都差不多，因为很多人不相信一个人可以过上自己喜欢的生活——尤其是普通人，尤其是不怎么有钱的普通人。

在许多人的概念里，所谓喜欢的生活，必须是腰缠万贯、挥金如土，想要什么就有什么，否则说喜欢自己的生活，纯粹是打肿脸充胖子，充其量也就是"喜欢自己"的生活——当然，这也很棒了。

我真的不这样认为。

我不知道该怎么去表达，但真的过着喜欢的生活：**做自己喜欢的事情，拥有自己喜欢的人生，能够供养自己的生活，也能安放自己的梦想。尽管没有大富大贵。**

哪怕是一个普通人也可以做到这一点。

但做一个普通人，不代表不需要努力，那叫平庸的人，并不是幸福的普通人。

做自己喜欢的事情，首先得具备相关的技能和能力；要拥有差不多的物质基础，躺着睡大觉也是不太可能的……所以，我刚才翻出了我 2016 年写的这篇文章，当时的标题叫《七年，你就可以活成想要的样子》。

不要被那些平庸的成年人迷惑，不要被那些失败者蛊惑，他们总是告诉你生活就是忍受，人生不可能幸福，没钱怎么可能幸福呢？

亲爱的，你也可以的，过你想要的生活。

1

2009 年，你在做些什么呢？

我到现在还记得，那年夏天的傍晚，我吃过饭之后，拉着克莱德先生，提着大包、小包和小马扎，到门口的夜市上摆摊儿。

在那之前，我采访了一个业余时间摆摊儿的白领。一直想要摆摊儿试试看，想看我会遇到什么样有趣的故事……

心急火燎地吃过饭出去摆摊儿，带着疲惫收摊儿回家。有少女，有老妇，有斤斤计较的中年妇女，她们都是我生活之外的经验。

每天睡觉前，我还写一会儿摆摊儿日记贴在网上，后来被南京一家报纸整理成了整版报道。

后来，因为济南要开全运会，城管们开始驻扎在这条街道，摆摊儿成了不可能的事情，干脆算了吧。

那些衣服，后来在淘宝上又卖了一段时间，不温不火，但是认识了一批特别好玩的朋友，天南海北，到现在仍然有联络。我们看着彼此结婚，生子，成了另外一番模样，也很有趣啊。

…………

彼时，我工作四五年，结婚两三年，一切看起来很稳妥却又有说不上来的乏味在涌动，总想再增加一点什么有趣的、好玩的、新鲜的元素。

我是说做就要做的那种人，趁着冲动立刻去做是最好的力量。

那时候我也在写东西，给杂志策划选题，也写短篇小说，但没有用全部的精力去投入，去付出。大概觉得自己的才华还不足以支撑起"写作梦"，也就不敢太用力，生怕投入越多，伤得越深。

难道你不是吗？

你喜欢一件事的时候，从一开始你就能全情投入地去追求，去付出吗？你喜欢一个人，就会毫无保留地去热爱，去投入吗？

如果答案是"是"，那么，你真的是勇士，我非常钦佩你。

实际上，更多的人，最开始试探，是自我质疑，是不自信，是如履薄冰，是浅尝辄止。

因为不太确定自己能做到什么程度，生怕投入太多，用力太猛，最后却收获失望，甚至贻笑大方。这是我们的愚蠢，也是我们的虚荣，可是，同样是我们的真实。

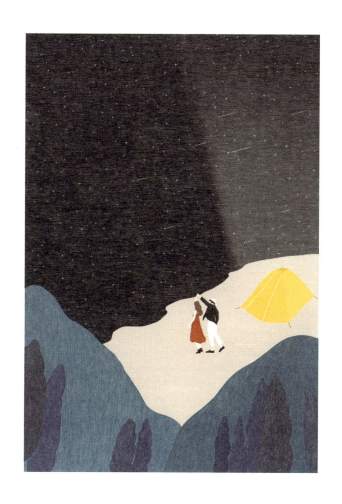

无论什么时候，你活得漂亮，
你的生活才漂亮，这才是最重要的啊。

你最好的样子就是做自己 ◇

2

2009 年深秋，我一个人上了飞机，去厦门。克莱德先生在那里出差。

飞机抵达时是黑夜，我中间打了好几次电话，才终于兜兜转转找到了酒店。那个房间很逼仄，就在高架桥的下面，我整个晚上都没有睡好。

关于 2009 年，我能记得的还有，我一个人回济南后自己住了好多天；一个人去看过一部电影，叫《第九区》；我曾经在天气晴好的时候，骑着自行车跑去郊区的农田里转悠，像小时候那样骑得飞快，头发都飞扬起来……

七年前，我是一个迷茫的年轻人，是一个被认为稳定下来的"结婚的女人"，是一个工作平稳的女性，是一个正在尝试寻找自己，却又还没有完全认识自己的女子。

如今我再回头去打量，当时还不错，但是我更喜欢现在的自己。

我用七年的时间，慢慢长大，慢慢找到了自己喜欢的事情，投入地去写字，不计回报，不顾失败，就像是我的生命一样，付出，投入，享受。

更重要的是，我穿越了七年前那些在我面前的迷雾，我不需要再去做各种尝试，品尝各种新鲜，我知道自己喜欢什么，甚至知道自己是什么样子的，想成为什么样子。

这种感觉，何止是好啊！

3

我很喜欢的《傲骨贤妻》在第七部时上演了大结局。

艾莉西亚在这七年间，脱胎换骨，从一个站在锒铛入狱的丈夫身边、灰头土脸、不知所措的家庭妇女，变成了神情笃定、自信洒脱的独立女性。

这七年里，她吃过苦，流过泪，遭人背叛，也曾经处心积虑地算计过生活，可是她终究一步步，踏着荆棘之路，踏着血与泪及尴尬的笑容走了过来，走到了河流的这一边，哪怕不是功成名就，哪怕不是家庭美满。她是自己想要的样子，是她自己生活的主宰者，是她情感的最高主人，就已经是巨大的成功。

孩子终将长大，然后远走高飞；

爱人也许并不能白头到老，中途退场也未可知；

工作有时候特别顺利，还有些时候遍布泥坑；

更不要提，那些势利的人，在你春风得意的时候涌上来，在你失意的时候立刻遁形……

所以更要活得漂亮而起劲啊，所以更要自信而坚强啊，所以更要有力而恣意啊，因为无论什么时候，你活得漂亮，你的生活才漂亮，这才是最重要的啊。

总是有人悲戚戚地说，自己没有获得想要的人生是因为出身不好，因为学校不好，因为工作不好，因为爱人不好，因为……

说到底，还是因为你自己不够好！

如果你足够努力，足够勇敢，足够奋发，七年就是一个轮回。如今悲悲戚戚的你，完全可以变成七年后面对困难尴尬也不会狼狈退场，而是微笑着坚强面对的你。是的，你会是更好的自己。

不信，你就试试看。

小木头

80后非文艺女青年、烘焙爱好者、小确幸收集和制造者、《视周刊》杂志主编、作家。新浪微博：@小木头的美丽人生 @为自己加冕

已出版：
《你不必活在别人的期待里》
《你不够独立的全部理由》等

活成自己想要的样子

〇 喇嘛哥 / 文

认识她的时候，她的事业正做得风生水起，走到哪里都风头不二自带流量的样子。特别是朋友中间遇到纠结的事情，不知道如何解决的时候，总是她，大刀阔斧地给出一条出路。

有段时间，有个同学离婚，心情非常不好，遇到难事就哭哭啼啼，大家都对同学的遭遇给予无限同情。朋友们聚会也尽量绕着敏感话题不说。只有她，断喊一声："雪地里埋不住死娃子，该面对就必须面对，离婚了，又不是要命了，想想二十年前，不认识他，你不是照样活得好好的

吗？这个世界谁也不是救世主，只有自己才能救得了自己，不要哭了，把哭的力气省下来，想想明天怎么活得更像自己想要的样子！"

果然没隔几日，同学居然遇到好事，有人要问她买歌，价格还很好，大家都替朋友开心。

当然过了很长时间，我们才知道，买同学歌的人居然就是我这位咋咋呼呼、铁骨铮铮的朋友。提及此事，她却大手一挥："多大点事，别扯淡，过好自己才是王道。"轻描淡写地就过去了。

时间久了，朋友给我们的印象就是那种顺风顺水、风生水起的幸运儿，从来也没有什么烦心事。很多次她大手一挥决定一件事情的时候，我们就会开玩笑地逗她："你这顺风顺水的人生当然不懂人间烟火的辛苦了。"她当然也会嘻嘻哈哈地附和着说："真的哦，自己怎么那么好命，一路遇到贵人相助……"

只是有一次，外地来了几个朋友，小聚。大家相谈甚欢，有人唱了一首老歌，我朋友居然感动得梨花带雨。

送她回去的路上，她突然特别感慨地说："你们看我每天都顺风顺水，其实每个人都有一些暗礁，一个人的时候偷偷舔着伤口。我之所以这样，就是不想敷衍自己的一生，努力活成自己想要的样子。"

之后，我也断断续续地听她讲了一些经历，譬如她在遇到爱情的年龄，赌气追了一个男生，用她自己的话说：那么努力，结果才发现是个P！

她也讲她至亲的人猝不及防地离去后的无助，讲那些辜负和背叛，情到深处的时候，她会掩面而泣。**原来，沧桑对于男人而言，就是肢体的残损和历经风雨后的淡然，而女人的沧桑就是情感的挫败和经历后的释然。**

和朋友认识的时间久了，知道有几首歌是不能在她面前唱的，一唱总会拽出她的眼泪。她也从来没讲缘由，但我能懂，肯定与情有关，原来这世界，每一首情歌里都躲藏着一位受伤的女人。

即使这样，她也从来不敷衍自己的生活，在工作上，她是一个尽职尽责的能手；在生活中，她是一个特别小资的小女人的模样。她说，她把每一天当成人生最年轻的一天来过，不敷衍自己，是她的人生信条。

看着她蓬勃的生活态度，也常常会感染我们，觉得真的每一天都是人生最精彩的自己，我们经常在一起互相鼓励：每个人来这世界只有一回，不活成自己想要的样子真特么的不甘心，因为我们会死很长时间……

要活，就活成自己想要的样子！这是我们最励志的口号。

是啊，花开是有季节的，而花没有开的时候，我们连季节也没有。每个人都是这世界上的孤本，**谁也代替不了自己，不管遇到名不见经传的人生，还是力所不能及的梦想，遵循内心的欢喜才是人生的归宿！**

在形形色色的红尘生活中，**敷衍就是放弃，妥协就是屈服，在明天没有来临之前永远别以为那就是结局。**真正的结局，才发现以前的人生都是铺垫，那些长长的恩怨，不过是战胜自己唯一的理由。

怕只怕，某一天回首往事，发现身前背后是无语般的苍茫，只是轻轻地叹息一句：以前喜欢一个人，现在喜欢一个人。这才是人生中最黯淡的时刻，挺过去，惊喜和明天说不定哪一个就会先到了！

活成自己想要的样子，是来这世界上唯一的目标，谁也无法代替你的人生，到老，我们才有资格说：这一生，值了！

于是写下了这一首歌：

> 梦见你在黑暗里哭泣，
>
> 还在一遍遍责问自己，
>
> 听说你还在打听他的消息，

幻想有天还能在一起。

算了吧，亲爱的自己！
这样坚持毫无意义，
相信黎明之后会发生奇迹，
相信每个人都要穿过雨季。

知道你又在回忆过去，
又在一个人检讨自己，
要知道人生不是独角戏，
咬咬牙就能坚持下去。

算了吧，亲爱的自己！
好心疼没人懂你的情义，
是谁能替我擦擦你的泪滴，
是谁能帮我把你好好安慰。

来这世界不容易，
一定努力活成自己想要的样子，
就算爱的征途是星辰大海，

好好爱着自己，疼着自己，
才是这一生最好的结局。

来这世界不容易，
一定努力活成自己想要的样子，
就算活的真谛是天长地久，
好好爱着自己，疼着自己，
才有力气遇见下一段美丽。

喇嘛哥

一个草原男人的感性文字，一个用音乐讲
述故事的人。

欢迎你光临，
这是我的人生

◇ 南有先生 / 文

那天我看了一部电影，然后写了一篇文章，记得有一句话是："大马路上的人不可能在奔跑，但是好像又在奔跑。"

这句话的意思是，那些每日每夜在路上行走的人，虽然不可能跑着前进，但其实在无形的竞争中，每个人都为了生活和明天而狂奔不止。这句话说的是每个国家的一线城市里人们的生活状态，然后我把这句话发给一个好朋友。

好友回复我说："其实，无论你在哪里，无论是在深山的湖泊，是在偏远的小镇，还是在喧闹的城市，只要你心里有追求，你就是在大马路上奔跑。"他的这句话把我触动了，是的，无论你在哪里，只要你心里有想要的生活，就会有一个叫春天的季节，那就是你内心最想要的生活方式。

1

我记得，我初次踏入广州这片繁华之地的时候。那时候我坐在公车上听歌，车窗外霓虹闪烁，我跟自己说："总有一天，这里会有我的一席之地；总有一天，我会在这里过上我想要的生活。"

于是，我开始在这里的大马路上奔跑。待过不见天日，阴暗潮湿，手机二十四小时没有信号的出租房，为一个面试起早贪黑，我知道，当你想要一种生活的时候，你就必须为此付出。

你想要过和别人不一样的生活，你就要付出比别人多十倍甚至一百倍的努力。过程中，你可能会感受到失望、迷茫，甚至是绝望放弃，但这就是你选择的生活方式，你要为自己的人生负责。

2

离乡的人大多数都一样，所以认识了很多这样的朋友。偶尔我们会一起聚会，大家举着酒杯坐在阳台上，聊完哪个姑娘最好看，就会聊到梦想。

阿周的父母催了他回家好几次，阿周一直都不愿意回去。"我不想回去那个小地方继承那家店，虽然平稳，可那不是我想要的生活。"我记得有一次我们喝多了，大家瘫倒在阳台边上，阿周就是这么说的。

如果你渴望飞翔，那你不会愿意活在水底。就好像电影《肖申克的救赎》里说的，**自由的光辉像羽毛，是无法被困住的，该飞翔的，还是会飞翔，因为那就是属于那个人的生活方式。**

离家的这几年，包括阿周，我们都好像经历了很多次的失败，在城市里想要有一席之地并非易事。但梦想正因为难以实现，才有了实现的价值。

于是我们拼命往前飞，拼命想要拥有自己想要的生活。就算发现待在老家的人可能比我们目前的生活更好，也最多只是假装羡慕几句，心底还是放不下自己想要的生活。

阿周说，他还是会坚持下去，因为他相信，他一定可以。

然后他笑着问我："你呢，你会不会继续坚持？会不会因为别人说还是家里好，就突然回去那个地方？"

我喝得有些晕，我说："我不知道我会去哪里，也不知道自己属于哪里。但是我知道，无论我到哪里，我都会按照自己想要的方式去过每一天。"

在哪里并不重要，重要的是，你是谁，你想要怎么样的每一天。

3

所以，哪怕你并没有像别人一样，背起行囊离开家乡，只要你心里有你想要的，那便是你的生活。就好像我有个高中同学，毕业后很早就结婚，留在县城里开了一家店，虽然没有经历我们这样的生活，但是在他看来，目前他的工作和家人，就是他想要的。

记得他也会感叹要是当年和我们一样离开家乡，如今会怎么样。但转念一想，还是更喜欢现在的自己。因为这就是他按照自己喜欢的方式经营的生活。有一碗热汤，有一家小店，有一群家人，大家都很开心，每天他能够踏踏实实地做好每一件事，这便是他的生活。

尽管没有繁华都市，车水马龙，却也是心之所向。所以无论你在哪里，只要你努力生活，只要心里有花的种子，就一定会开花结果。

是的，你没有必要过于在意别人的看法，也无须活在他人的眼中，如此便是最大的快乐。

4

我记得有一次我出去演讲，在听众互动环节有个大学生问我会不会在本来有坚持的情况下，因为别人的意见而动摇自己的想法。

我回答说不会。因为我知道，别人并不能对我的人生负责，这是我的人生，只要我喜欢就好，别人喜欢不喜欢跟我没关系。我之所以会这么回答，是因为我曾经有两个要好的女生朋友，一个选择独自生活，一个选择奋不顾身，她们让我更加坚定了做自己。

先说那个奋不顾身的 L 吧。可能在现在的社会里，好像有房有车成为了结婚最基本的要求，于是在大多数人眼里，爱情就变得很可笑。

L 有一个特别喜欢的男朋友，两个人在一起好多年，但是

无论你在哪里，只要你心里有想要的生活，
就会有一个叫春天的季节，那就是你内心最想要的生活方式。

父母一直不同意。两个原因，一是因为他是单亲家庭，L的父母怕他性格有缺陷；二是因为他没房没车，不是生活的最好人选。

于是父母给L介绍了好几个对象，都是在城市里有房有车的人，可是，她见了都没有任何感觉，因为在她心里，早就有了他。

别人都说爱情是无法抵御生活的残酷的，所以结婚就要找有更好条件的人。可是，大多数人认同的人生，就该是自己的人生吗？

她不相信。

后来她奋不顾身选择了原来的他，从对抗父母到父母慢慢接受，他们终于结婚了。或许你觉得有好的条件更适合结婚，但是对于别人来说，只要对方是爱我的，是上进的，我们共同努力，生活还是会好起来的。

到现在，他们也一样有了自己的房子和车子，有了一个可爱的女儿。

没有谁说的人生就一定是对的，嫁给有房有车的也会离婚，嫁给一无所有的也会分手，但你要相信，那真的都是别人的人生，不要用别人的判断来绑架自己的生活。

按照你自己喜欢的去选择，才是你自己的生活。

5

独自生活的女孩，就叫她喜喜吧。因为她总是哈哈大笑，无论生活多难，我都没有见过她放弃。最多就是跟我吐槽一下，结果我还没来得及安慰她，她就满血复活说要继续加油啦。

其实现在的社会，不婚主义的人越来越多，原因太多，但更多的还是自我选择吧。就好像喜喜，顶着家里无数次催婚找对象，还是能够不痛不痒一个人生活。

喜喜说："如果结婚是为了让生活变好，我觉得现在的生活就很好。在我不确定自己改变这种状态会更好的时候，我还是喜欢一个人。所以无论别人怎么说，我都会坚持自己。因为我要对我的人生负责。"

总是有人说，女孩子到了一定年龄不结婚，以后就会很惨，没有人喜欢，没有饱饭吃，活得很凄凉。可是，那也不过是别人说的生活方式吧。

有人喜欢结婚，有人讨厌结婚。有人喜欢周末宅在家里，有人喜欢周末去跑步，哪有谁的生活方式就一定对的，适合自己的，觉得最舒服的，就是对的。如果因为别人的看法，明知道自己不会开心还是去选择那样的生活方式，那么总有一

天，你会很痛苦。因为不喜欢就是不喜欢，勉强自己就是为难自己。

喜喜总会找我吃夜宵，因为她奉行人生苦短必须多吃，吃一顿少一顿，所以能吃就吃。你可以减肥，但请不要阻止我的食欲。如果相遇，我会笑着说，这是我的人生，欢迎你光临。

6

所以你看，这才是我们该有的人生。一个按照我们自己内心想法去生活的人生。是无论你身处大城市，还是小县城，都可以有的；是无论你独自一人，还是成家立业，都会快乐的。

我写过很多故事，我说过很多道理，但我都跟大家说："你不要只是听，你要去思考。如果你觉得我说得不对，就当我这话是放屁。因为你内心确定的，才是最适合你的。"

我不喜欢对别人的人生指指点点的人，因为喜欢指点的人怕是自己的人生都没活明白。**我喜欢尊重每个人的选择，因为人生是你自己的，你才是最有资格决定要怎么过的那个人。**

你就按照你喜欢的方式去生活吧，不要管别人的冷嘲或热讽。请你成为自己人生的话事人，如果有看风景的人途经你的人生，你就笑着说："欢迎你光临，这是我的人生。但是请你不要指指点点，就看着我精彩的生活吧！当然如果你有兴趣，就一起来跳个舞吧。你看，这就是我的人生，我的生活！"

这世上有很多好看的风景，希望你也有自己独特的景色。

请你记得，无论你在哪里，无论是在深山的湖泊，是在偏远的小镇，还是在喧闹的城市，只要你心里有追求，你就是在大马路上奔跑。

南有先生 一个永远十八岁的老头。

已出版著作：
《你刚好丑成我喜欢的样子》
《你好像一只刺猬，可我好想抱抱你》

尊重自己的生活方式

 裴育 / 文

在每个人的心中，都留有过一片净土，那里的空气都是透澈的，呼吸都是愉悦的，嘴里说的话让人怦然心动，耳朵里灌进来的都是蜜糖的滋味，我们幻想着这样的纯净一角，我们祈祷着总有一天可以遇到这样一个机会，能实现它，哪怕概率微乎其微。

面对美好，任何人都无法抵挡住诱惑，即使我们习惯了自我否定，也习惯了彼此质疑，在芸芸众生中迷失原本的自己，可美好一词，还是如此善良。

在我的微信朋友圈里有这样一位平行世界的朋友，我和他并未见过面，也并无

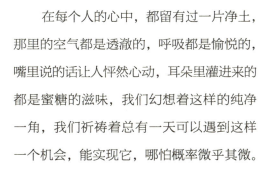

你最好的样子就是做自己 ◇

交集，曾因为同一个梦想而被引荐加好友，简短地聊过几次，却深刻地、充分地感受到了无信念这回事可以如何击垮一个人。

他身上有着某种疾病，虽然不会立刻置人于死地，却一点一点地消耗着他的耐心与热情，他选择发泄的途径从艺术创作到声嘶力竭地将文字刻进朋友圈。

每天每天，每篇每篇，我总是无意间去浏览那么几段，"好好活着"对他来说，甚至成了奢侈品，他将自己的一生都封闭给了怀念与妄想。

于是我稍微想象了一下他的曾经，那些辉煌与憧憬，那些悸动与小确幸，在他如今发的每一张怀日照片里都默默写着美好。

他所喜爱的一切，都葬送给病痛，他没能将意志转移给命运之外的可能性，他顺从了天意，一蹶不振。

所以总有人说，如果你觉得不满足就去医院，就去墓地，去看看别人的生活，再看看自己的生活，知足始于自心，而非任何物质形式。

这或许仅仅是我们强大的朋友圈里其中一颗小小的星星，但他的威慑力却足以让懂得反思的人震撼，那是一种对自我认知的调试与再创造，我想我们学到的是"珍惜当下"。

假如那是你，还没来得及去选择已经注定；假如那是你，还没来得及好好看看已经逝去；假如那是你，还没来得及好好思考已经有了结果，悔恨的心是否会让你瞬间崩塌，掉进深深旋涡。

慢慢地，随着年龄的增长，我真的发现自己的那一刻曾波

我愿意我的一生都在追寻中度过，
只是这段追寻，是纵向延伸。

你最好的样子就是做自己 ♡

动的激烈的不安于世的心，沉进了安全感，只是这个安全感，并不是来自于外界，而是信念。

我愿意我的一生都在追寻中度过，只是这段追寻，是纵向延伸。

大千世界，无奇不有，看过精彩风景的眼睛更能包容肮脏与刻薄，因为它们都有属于自己的生命力，淡然下来，时间才有机会说话，时间才能帮你去解决问题。

假如我们总盯着那些难处与纠缠，活在世界中心的人，就是你，而任何的骇浪惊涛都可能盯准你，很轻易就将你拍死给自以为是的高高在上。

何必非要去占领什么圈地，当你泰然自若，就算该远离你的人，你也会感激他们的出现。

无欲则刚。唯有经历风风雨雨，大起大落，看遍人性恐慌，变数无限，才会肯定自己是真的可以放下。

没有相同的模板可以复制每个人的一生，也没有所谓的学习某人的路径就会少走弯路，因为每个人都是唯一的特殊体，既没有可比性，也没有通融性，能效仿的，无非是意志品质与人格修养。我想那是一种精神的提炼，带着你追寻到各个角落，费尽周折找自己的镜子，让镜子里恐怖的人形一次次将自己击败，最后，竟然还敢去照新的镜子。直到镜子里的自己开始露出微笑，八颗门牙如此洁白，眉头少了些纹路，眼神也没那么凶神恶煞了，那你可能才真正找到自己的位置，这个位置，不一定是多么的光彩熠熠，也不一定镶满钻石，却一定是你最舒服的状态所呈现的最好的自己。

别人眼里的你并不重要，因为无论如何，别人都无法去替代你过一生，每一个分岔路口，每一个抉择都必须你做下选择题，错就担，对就继续，就推卸而言，只不过你很便宜地将自己卖给了命运。

有些人，一生都在追求功名利禄，得到它们，他的心是踏实的，是满足的，才可以支持他一如既往地拼下去。假如他摆正了欲望的尺度，我觉得他没有错，他只不过找到了属于自己的最开心的活法，在这个过程中他成就更好的自己，哪怕挫败都不曾让他跌倒，这该是多么好的爱自己的方式。艰难的过程，比开心的不劳而获更让人兴奋，不是吗？

而有些人，一生都在追求精神的寄托与共鸣，在人群中，他可能只是淡漠的尘埃，没有什么鲜艳夺目的利器让人记住，可他的内在力量可能巨大无穷，他所有的隐忍与坚持，思考与沉积，会让他在岁月里找到最适合的抒发出口，那个出口，就是幸福。

嬉笑打闹的日子过去了，留下了太多的伤痕和胆怯，怕，又想，想，又忍，忍，又不甘，反反复复，周而复始，让本来可以生动有趣的人生停滞不前。

如果可以，就试着洒脱一些吧，真的没有错对，只有站在不同立场的辩解，何必要让别人的嘴控制了你的人生，何必要费力讨好那些走不进你的生命的过路人而忽略了站在你心尖的巨人。

不要让形式化套牢了你的心，真情才能换真爱，一生很短，做你愿意做的事，等你愿意等的人，奋斗你想要奋斗的未来，期待你播种的种子能在春天发芽，这样一来，剩下的三季，你会非常热爱生活。

身边的所有人，可能都在竭尽为了别人的快乐与满意奋斗终生，可它太沉重，沉重到吃饭睡觉都要背着它，越垒越重，挡住了前行的去路。试问自己，假如现在是三十年后的某一天，我白发苍苍倚靠家中，你最希望你身边出现的那个人是谁？是你的子女还是你的伴侣？还是猫猫狗狗？其实也有一种答案，是在独处中祥和。

愿我们真正为自己活一次，愿"爱"才是促使一切可能与不可能的原动力，而非欲望及其他，愿你和你的他她它，能用爱缔造出无数新的枝丫。

裴育　　华语词作人。

代表词作：
《勿忘心安》
《逆战》
《智商二五零》

从此后，
一定要戒了百度自己的蠢习惯

◇ 晚睡 / 文

1

　　说起黑料多的明星，曾经迷倒万千少女的"尔康"扮演者周杰算是一个。在网上百度周杰，会发现各种各样关于他的传闻，什么和苏有朋抢戏、强吻林心如、耍大牌、打保安、肇事逃逸、被封杀，等等。黑得堪比墨鱼汁。

　　这其中很多都是无中生有，但我亲身见过他最有意思的一个黑料：周杰在博客上冒充观众自己给自己留言，夸自己演技好，结果博客升级，自动显现博主ID，这

下子全都暴露了。

他从过去观众心中的白马王子形象跌落至人人生厌的"黑乌鸦"，人们尽情嘲笑他，用他剧中夸张的表情做成表情包，各种大鼻孔的 PS 照片满天飞。

周杰为什么被黑，和演技关系不大，他的演技还是受到广泛认可的，在《还珠格格》之后，还有《少年包拯》，都是当时风靡一时的热剧。仔细想想，很多人对他莫名其妙地反感，**大概和他这个人当时总是显得特别清高、端着、劲劲儿的有关**。换到生活中，他就是档案中写着，不善于深入群众，群众关系有待于加强的那种人。

当年天涯上有个 ID 叫"五角大楼"，一直被网友怀疑是周杰本人，因为他总是一本正经地和人争论，为周杰辩护，发言永远长篇大论，上纲上线，特别像平时周杰给人的印象。

周杰始终是和这些黑料执着战斗的，也在不同场合做出很多次解释，怎奈他越认真，被黑得越多。后期他开始淡出在娱乐圈的发展，他后期作品减少，只有在个别电影中亮个相，打个酱油。

这几年周杰曝光率增加，演出了话剧《北京法源寺》，还包了一片地，开始种大米。2016 年他还参加了《吐槽大会》，直面嘉宾对自己的吐槽。以前的周杰肯定是不会做这种事的，现在的周杰成熟了，安静了，也淡定了，敢于拿自己那些所谓的黑点开玩笑。"有人问我为什么要上吐槽大会，网上不是每天都有人吐槽你吗？"他指着李诞和池子说："你还想让我打你们，你们有保安那么重要吗？"

他傲视全场嘉宾："你们还好意思说我鼻孔大，我对你们嗤之以鼻孔。"全场笑作一团，一时间这些黑料是不是存在过都不重要了，重要的是周杰不再与这些事情挣扎，当你能够拿一件令你受伤的事情开玩笑的时候，它才算真正地过去。

在演完《北京法源寺》后，采访他的记者蜂拥而上，很多人问的还是"你对表情包怎么看"，周杰深感无奈，但已经不再愤愤不平。他说："越大的名人越是受气的。"做人不必过于在意大众舆论，因为在意"就好像在讨好虚妄的一个群体，你为了一个虚妄的、不确定的东西去挣扎你的一生，这简直就是一个很失败的人生。"

他挣脱了，想开了，也就自由了，整个人都放松了。就像在《吐槽大会》的发言结尾，他说："你们玩你们的，别@我就行。"

2

在国外的娱乐圈也有长期被黑的明星，最典型的是安妮·海瑟薇。她美丽，奋斗，励志，是中国观众心目中不折不扣的好莱坞女神，在国外却始终饱受争议，神憎鬼厌，位列"最讨厌的好莱坞女星"排行榜第一名，吐槽她甚至成了一种时尚趋势和文化现象。Twitter 上有一个标签话题就叫 # Hathahaters。

很多外国网友留言：

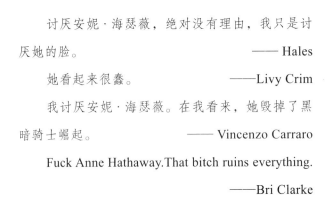

> 讨厌安妮·海瑟薇，绝对没有理由，我只是讨厌她的脸。
> —— Hales
> 她看起来很蠢。
> ——Livy Crim
> 我讨厌安妮·海瑟薇。在我看来，她毁掉了黑暗骑士崛起。
> —— Vincenzo Carraro
> Fuck Anne Hathaway. That bitch ruins everything.
> ——Bri Clarke

Twitter 上每分钟就有 19685 条微博是在骂她的，她在公众场合说出的每句话都有人在批评。一个人能把观众得罪得

世界对我的看法与我无关，
别人对我的看法与我无关。

你最好的样子就是做自己 ♢

如此彻底，也真是没谁了。

安妮的黑历史包括前男友因涉嫌诈骗被逮捕，而她迅速与之断绝关系，既显得眼光有问题又生性凉薄；

出演经典名著《悲惨世界》时，为角色减肥十六斤，不愿意接受金发造型，为此硬生生地改变了原著的设定和桥段，引起法国观众强烈不满，本土观众又觉得她宣传自己减肥有多么辛苦是在卖惨，一时间国内国外腹背受敌；

为人做作，虚伪，不真实，"连吃饭喝水都像在演戏"是美国媒体众对安妮的评价。因《悲惨世界》获得奥斯卡最佳女配角时，她在发言中说，"小金人是自我怀疑的工具"，彻底得罪了观众和评委。

《纽约时报》曾发文分析《我们真的讨厌安妮·海瑟薇吗？》分析来分析去，还是认为安妮给观众的恶感主要来源于她太假，尤其是和另一位大众女神詹妮弗·劳伦斯比起来，不如后者坦率、自然，表现得过于刻意。

安妮被人讨厌真的没有什么站得住脚的理由，她其实算得上是精准控制自己人生的典范了，出身于富裕的中产阶级，家境优越，教育良好，一路上兢兢业业，只是过于追求上进显得有点高高在上，不是很讨巧的那种。

很多人黑她也都是跟风，显得自己比较政治正确，跟得

上时尚的步伐。而安妮从来没有在乎过，她的事业依然稳步前进，没有受到丝毫影响。在黑她的人终于黑不动时，她在接受一家媒体采访时表示："世界对我的看法与我无关，别人对我的看法与我无关。"

<h1 style="text-align:center">3</h1>

在我略有点名气的时候，我曾经一度喜欢在网上百度自己的名字，看看是不是有人提到我，看看自己的书卖出去多少，有多少评论。看到好听的，就开心；遇到被骂，就很堵心。

后来我在某电视台做一档节目，每期节目上网我都去看下面的评论，有的留言很刻薄："这女的哪来的，说得什么玩意儿。"气得想哭。有一次和某编剧谈剧本合作，她的助理看见我说："我在节目中见过你。"当时心虚得恨不能就地消失。

那之后我很了解明星们面对黑料时的心情，你可能费尽千辛万苦创造出的东西，别人上嘴唇一碰下嘴唇，就说得一文不值。你奢望世界理解你，但那是不可能做到的，他们不需要了解你就可以评价你，更不需要为自己的话负责。太把别人的看法和评价当回事，就会令人陷入一种盲目的战斗，但又不知道敌人来自何方的状态。

我有位演员朋友以心态好著称，但她说，自己以前比谁都玻璃心，谁说句重话都睡不着觉，可是这颗心碎了又碎，拼都拼不到一起，干脆就放弃了。是的，就算把玻璃心换成钻石心，也经不起世事伤的，不如没心没肺，不再去关注他人的关注，专心致志地做好自己。

　　当你真的不在乎了，也就解脱了。就像安妮·海瑟薇说过："谷歌自己，我早就戒掉了这个蠢习惯。"

　　对世间的一切说三道四，都应该如此对待，人生那么长，有的是时间去改正错误，也有的是时间去研究如何变成更好的自己，就是没有时间去百度自己，也没有时间考虑如何取悦别人。

　　从此后，一定要戒了百度自己这个蠢习惯。

晚睡

著名作家、情感分析师。她长期致力于为读者排忧解惑，提供有趣有效的生活智慧，欢迎和她一起来侃八卦、讲故事、聊情感。这里没有滥俗鸡汤，却能帮你找回生活的铠甲，遇见更好的自己。

已出版著作：
《晚睡谈心》
《你配得起更好》

做好这三点，
人生没有不幸福

♢ 简爱 / 文

经济腾飞，社会发展日新月异，稍稍留意一下，你就会发现，前段时间那片土地还是一马平川，绿茵如盖，不久，就成了高耸入云的住宅区，或是人声鼎沸的商业中心。

看着街头人流不息，地铁上摩肩接踵，公交车上人满为患。我们都在忙着赶路，赶公交，赶地铁；忙着还房贷、车贷；忙着为孩子赚教育金，给父母养老。

我们都得了一种叫"忙碌"的病，独独忘了自己……

亲爱的，如果你觉得飞得太累，不妨

停下来休息片刻，拥抱一下那个疲惫的自己吧。

没有健康，一切等于零

人在拥有健康的时候，并不把健康当回事，"肆意"挥霍，殊不知，它就像取款机，取出来多少，完全取决于你往里放了多少。

前几天晚上，我和 W 姐姐一块儿去南方医院看望我们共同的好朋友 L。

当时我开车，她坐副驾驶位。我用余光看过去，她全程睡眼惺忪，神情疲惫，哈欠连天。

"怎么了？"看她一反常态，我问。

W 姐告诉我，自己最近三个晚上没睡好。原因，她的一个关系不错的男同学，位居政要，不到五十岁，突发脑溢血，离开了。

"他就是劳累过度，累死的！"

我听了以后，挺难过。

好朋友 L 也是累垮的。她刚做完子宫摘除术，面黄肌瘦，气若游丝。看到她时，尤其心疼。

这一幕幕，让我想起喜欢的作家木心说过的一句话："一个人最佳的生活状态，就是冷冷清清地风风火火。"

是的，短期的过度用力极容易造成身体和心理上的挫伤，真正坚持到最后的人靠的不是激情，而是恰到好处的喜欢和投入。人们对财富、名声、地位的追求，总是永无止境，锲而不舍。

其实，无论是事业，还是生活、婚姻，抑或育儿、交友，我都不建议用力过猛，一直不疾不徐地努力就很好了。

李宗盛在《给自己的歌》中写道，想得却不可得，你奈人生何。

活了三十几年，我明白了一个道理：很多事情，不是你努力就会有结果。尽人事，听天命。人这一辈子，除了生死，其他都是小事。

这不是消极应对，真正的达观，实际上就是看透无常之后的通透。

接纳生命的不完美

有个心理学家说，每个成年人，都是受伤的孩子。

这句话，我十分认同。

就拿我自己来说吧，许多人都认为我一直生活在蜜罐里，

很多事情，不是你努力就会有结果。尽人事，听天命。

人这一辈子，除了生死，其他都是小事。

其实每个人都有辛酸的、不为人知的一面。

我从小生活在一个重男轻女的传统家庭。母亲生下我，因为是女孩，父亲很失望，唉声叹气，懒得去外婆家报信。在他们的观念里，"女孩是赔钱货"。

两年后，弟弟出生，那鞭炮放得惊天动地。生了男孩，恨不得让全世界的人都知道。

父母一直感情不和，吵闹不断，父亲便常年在外，很少回家。

生活的艰辛，使得母亲活成了祥林嫂。我在家，便成了名副其实的出气筒。加之，母亲也有重男轻女的思想，弟弟有恃无恐，更加放肆嚣张。

初一上学期，我刚领了新书，欢天喜地回家。不知所为何事，弟弟突然把我的新书连同书包，一并扔进了家门前的池塘里。白花花的书，顿时浮了大片。

那一刻，我是绝望的，冲进深水区，只想一死了之。邻居们七手八脚救了我，然后把我送到奶奶家。

那是大冬天，温度极低，寒风凌厉，我全身都湿透了。我像一条受伤的鱼，奶奶使劲搂着我，老泪纵横。奶奶的怀抱，那是人世间我最后留恋的港湾。

几年以后的一个春节，奶奶因为照顾太多的孙辈，感染了风寒，又不幸碰到庸医误诊，没能挺过那个春天。

二十年过去了，我清楚地记得，奶奶是正月十五生日，当时她躺在床上奄奄一息，我却无能为力。我很想为她做点什么，我拿出自己仅有的零花钱，给她买了一个音乐盒、一束花。爷爷告诉我，奶奶看到礼物，特别欣慰。

若干年后，我离开了家乡，独自一人在外打拼。没有奶奶的故乡是不完整的。

再后来，我结婚，生了孩子，自己成立公司，我突然理解了当年母亲的难处。我原谅她了，也原谅了当年少不更事的弟弟。

为什么我们越长大，越孤单，越不安，越不快乐？因为我们在追求快乐的时候，离真实的自己越来越远了。

对于过去，无论是伤害过你的人还是事，与其耿耿于怀，倒不如接纳和忘却、总结和修正。我们只有一直往前走，才能把阴影甩在身后。

生而为人，谁的人生摊开来看，不都一样？花团锦簇之外，另有千疮百孔。孩子不够听话，另一半不够体谅，父母的不完美，工作的种种问题，身体会生病……

人生本就有许多难以掌控和避免的事情。虽然有很多的问题是我们根本不愿意面对的，但我们始终要学会接受自己处境的不完美，接受自己的脆弱和缺憾，承认自己不是全能的。

我们的人生不可能是完美的，只有真诚地接受那些所谓的不完美，才会显露出生命美好的本真。越是接受那些不愉快，自己的包容力就越大。一个有着包容力的人，终究会走向更大的格局。

接纳生命的不完美，活出生意的奥秘。

生活不只有用，还需要无用的东西

梁文道说："读一些无用的书，做一些无用的事，花一些无用的时间，都是为了在一切已知之外，保留一个超越自己的机会。人生中一些很了不起的变化，就是来自这种时刻。"

周作人说："我们于日常必需的东西以外，必须还有一点无用的游戏与享乐，生活才觉得有意思。"

那日，我去了朋友 S 的公司，她说："简，你现在越来越油腻了。"

我不解。

她解释说："每周末都看见你发朋友圈，四处游山玩水，中年油腻啦！"

我没有解释，更不会生气，万人万相，人各有志。

生活不只有五花马，千金裘，声色犬马，还可以有另外一种活法，不求大富大贵，但求内心恬静怡然。

对我而言，一直以来追求的素简生活，就在诗酒田园间。

工作之余，远足，摄影，写作，尽做一些在外人看来的无用之事，久而久之，成为别人眼里"不务正业"的商人。

无须太在意他人的评价，跟随自己的路，内心丰盈，快乐就好。

仔细想一想，人这一生，赤条条地来，赤条条地走，吃不过三餐，卧不过一榻，长不过百年，短则几十载。

目光过多聚焦在身外之物，或者是他人的看法，便会少了很多人生的趣味和生命的宽度、厚度。

很多人过得不快乐，其实没有别的原因，只因总想活得太"有用"，做一个别人眼里有用的人。

但有用就等于幸福吗？未必。

的确，在精心的计算下，可以得到很多，也可以在自己的身上堆砌诸如成功之类的标签。然而谁都知道，欲望越多，快乐越少。在满足一个又一个的欲望后，快乐反而越难寻找。

生活的智慧，一个人真正的幸福，最重要的是守住本心，回归本真，不为外物迷失，不为他人执念太深。

我最近在看一本书《世上最美好的事情都是免费的》，是加拿大作家尼尔的作品，很喜欢里面的一句话："生命中最美好的事，都是免费的。真正的幸福，不是惊天动地的事，而是懂得发现生命中的小美好，过自己想要的生活。"

简爱

商人作家、生活里的艺术家、业余摄影爱好者。写温暖励志充满人间烟火气息的小故事。

已出版著作：
《相逢不必太早，只要刚刚好》
《所有的不认可，只是因为你做得还不够好》

CHAPTER

生活
需要仪式感

生活需要仪式感，它能让每天都变得独特，在仪式感的渲染之下，

生活中每一个渺小的存在都有属于自己的伟大瞬间。

拥有仪式感与矫情、刻意、虚伪无关，它是我们热爱生活的一种方式，

它能让我们收获日常生活中的惊喜、浪漫，

让我们真切地感受到，自己是在生活，而不仅仅是活着。

有趣的人生，
究竟是什么样子

◇ 李思圆 / 文

认识一个姑娘，今年二十四岁。就在上个月，她终于实现了去西藏旅行的梦想。

当她跟我讲起川藏线上沿途的风景时，别提有多惊喜和感动了。

我挺佩服她的。毕竟她平日里很忙，刚工作不久，积蓄也并不多。可是她却告诉我，去做想做的事，其实并不难。

有想做的事，就要付诸行动，努力去实现它。

拿旅行来说，时间不够，平时就多干点活，提前把工作安排好，以便调休。资金不足，那么日常开销能节约时就不浪费。没人陪同，也可以自娱自乐，一个人去旅行。

但有些年轻人的状态却是这样的：他们一方面抱怨生活过得了无生趣，另一方面每天耗费不少精力追剧、逛街、打游戏，消磨时间。

旅行会开阔眼界，增长见识，遇见更多新鲜有趣的人、事、物。而混日子，只会让人愈加麻木、无聊、没意思。

许多时候，你的生活是否有趣，并不取决于外在条件的优劣，而在于你用怎样的方式去对待生活，在于你是否还有一颗向上的心，在于你是否愿意为了理想的生活去奋斗和努力。

再次见到刘哥时，他简直有脱胎换骨般的变化。

以前他总跟我讲起生意不好做，压力太大，社交应酬太多等等。后来他感到这样的生活实在无聊，于是决定去香港进修一年，学习市场管理。

那段日子他很忙，既要兼顾生意，又要抓学业。可神奇的是，彼时的忙，跟以往的忙，有了巨大的区别。

以前他干什么事情都提不起兴趣，可是现在，他可以为了一个两千字的作业，翻阅几本万字以上的专业书，且越求知越快乐。

我问过他，中年人有家有事业后再去读书，还有什么

真正有趣的人，他们的内心里有诗和远方，

他们的行动中注入了山川湖海，

他们是那群激情澎湃、永不止步、不断往前行的人。

意义？

　　他说，以前觉得自己的人生已经定型了，只可能一条路走到底，但现在发现，原来选择的可能性还有这么多，既可以往左，也可以往右，甚至还可以沿着山路十八弯不停地去尝试和发现。

　　有些中年人的生活只能用寡淡无味、无聊至极来形容。因为上有老、下有小，肩上的责任重，于是他们凡事得过且过，习惯性地待在舒适区，放弃了求知欲和上进心。

　　但那些依旧把日子过得生趣盎然的中年人却懂得，无论在任何年纪，都不应该给人生设限，都要尽可能地去丰富、充实、提高自己。

　　…………

　　当时我心中不由得感慨，人跟人之间的差别，就在于你是否还拥有梦想。

　　有的人害怕自己慢慢老去，因为老了，就意味着你能做的事越来越少，心有余而力不足的时候越来越多。

　　可是有趣的人，哪怕年纪再大，都同样活得有滋有味。

　　有些人总感觉无论是生活还是工作，都很没意思。其实是当你对自己的要求变低，以敷衍的态度做事、以凑合的心态过日子时，在你身边就只能出现无滋无味、毫无生趣的人和事物。

如果你年轻时只是待在家里玩手机，那你当然没有那些走出家门欣赏大自然、了解乡土人情、感知周围世界的人有趣。

如果你中年时只是把眼光禁锢在当下的生活中，而不是去拓宽眼界，那么你自然没有那些依旧热爱学习、喜欢看书、没有放弃自我更新的人有趣。

如果你年老时在还有独立自主的生活能力的情况下仅仅是小心翼翼地掰着手指头数日子，那么你也自然没有那些人老心未老、永怀一颗初心的人有趣。

最后你会发现，真正有趣的人，他们的内心里有诗和远方，他们的行动中注入了山川湖海，他们是那群激情澎湃、永不止步、不断往前行的人。

李思圆

青年作家，十点读书人气作者。文笔有温度，有力量，文风清新自然，朴实真挚。经历过太多发烧、发狂的故事之后才明白，不管处于何种境地，都要拥有仪式感，活出最真实的自己。

已出版著作：
《生活需要仪式感》

请带上那个最好的自己出发

◇ 景天 / 文

1

可可说："你看我有多勇敢我就有多勇敢。"其实说这句话的时候可可一点也不勇敢，她刚刚失恋，又被公司的领导批评，房租又涨了价，可可觉得自己像极了那只想要绊倒大象的小蚂蚁，自认为很强大，其实在别人看来，渺小得如同一粒微尘。

可可感觉自己的生活糟糕得不能再糟糕，她辞了职，穿着五十元买的高跟鞋去面试，结果上楼的时候鞋后跟掉了。

当面试官看到她粗糙的眼线之后，竟然端了一盆水过来让她洗脸。可可满肚子委屈。洗完脸，像是刚淋过雨的汤圆，汤汁分离，面目全非。

那一瞬间，可可觉得自己像是被放在案板上的鱼，无奈地体会着人生疾苦。回答了几个问题之后，面试官让可可回家等消息。

她突然觉得自己像一句歌词："路见不平一声吼啊，该出丑（手）时就出丑（手），风风火火闯九州。"

可可在家门口买了半只烤鸭，一瓶啤酒。回到出租屋的时候，她看着油腻发黑的窗帘、快要断成两段的床板、冲不了水的厕所、被烟头烫了一个洞的台灯，边吃烤鸭边抹眼泪，她好像是住在一座被全世界遗弃的孤岛上。哭完之后，可可倒头入睡。

第二天，面试官居然打电话，可可通过了面试，她找到了留在上海的第二份工作。

每天凌晨三点半，闹钟准时把她叫醒。可可要起来赶去她的工作地点，在一个商场做穿版模特。她要站在台子上，所有人递过来的衣服，她要不停地试穿。

要搭配好顾客喜好的风格，穿版模特的反应要特别快，因为在穿这套衣服的时候，心里就要想着搭配好下一套衣服，最快的时候也就六七秒，最忙的时候可可一天要穿四百多套衣服。

可可和朋友开玩笑说："我一天换的衣服，估计别人一辈子都不会穿那么多。"

到了冬天，工作的地方是商场的入口，没有暖气，很冷的时候也没办法多穿衣服。每天几乎都站着，可可的脚累得像是骨折一样，但是她还是努力坚持下来。

在她心里，一直有一个关于这个城市的梦想。她觉得，**每个人都有自己的不容易，但是把成长看成是一种责任的话，就会特别勇敢。**

终于在工作的第三年，可可有了自己的小积蓄，贷款付了一座小公寓的首付。自己买了一套小音箱，在屋子里的所有空白处贴了壁纸，买了自己心仪的窗帘，虽然每天依旧很忙碌，但是一回到家，就有一种心旷神怡的感觉。偶尔还会心血来潮做点小美食。

可可觉得自己像是一只从小瓶子里游到河里的小鱼，虽然还没看到真正的大海，但是此时的心境，已经让她从最消沉的低谷走了出来。

2

王珞丹在微博中发了一段自己玩滑板的小视频配文字说："这个才是我，玩滑板三个多月，中间扭伤休息了二十多天，不知道为什么开始，但知道为什么继续。"看她的微博她的生活，越来越喜欢这样率真随性的姑娘。

王珞丹在一篇文字里说："我曾对时间有深深的焦虑，怕它走得太快而我走得太慢，怕我在虚度年华，怕我不能符合大众的期待。"

在古北水镇的山水里，她竟然有一种顿悟的感觉。她说："山有山的骁勇，水有水的温柔，我也是我自己。我愿意花一点时间，去唱唱歌，不为出唱片，就为喜欢；去玩玩滑板，把曾经未完的挑战完成；去尝试不同的角色，去过不一样的人生……拍摄古北水镇的宣传片时，跟着一个老匠人做风筝，削竹、粘骨、画纸、接线……安静和坚守，何尝不是一种力量呢？"

她不想把自己固定在某个"套路"里，挺愿意把自己放空，拍拍照、跑跑步、看看天。

每个人都有自己的不容易，
但是把成长看成是一种责任的话，就会特别勇敢。

你最好的样子就是做自己 ◇

3

请与那个不太好的自己告个别吧，别把时间都浪费在毫无意义的事情上，要用心发现我们生活中的美。

细心地挑选一款喜欢的窗帘，烘焙出来形状好看又好吃的饼干。用心呼吸清晨的空气，把阳台打造成自己喜欢的样子。

当你用心找回自己，你会发现，日子每天都是属于你自己的。就像有人说的，我们都很平凡，却因为爱而熠熠生辉。那些细碎而温情的对白，足够对抗蹉跎岁月。

不要再抱怨没有时间健身、没有时间读书、没有时间做自己喜欢做的事情，人生没有那么多可以等来的幸福。

总有人说改变太难了；减了几十年肥，越减越肥；除了睡觉时间不想睡觉，其他时间都想睡觉；所有的计划（Plan）都只完成了一个P……

改变确实很难，我们或多或少都有拖延的习惯。我们像是吃饭睡觉打豆豆里那只叫豆豆的企鹅的同伴，我们吐槽生活，无力改变现状。跑步两天就喊累，加班两晚就喊苦，稍一遇事就崩溃，我们总是说，等我有时间，等我下定决心，等我吃完这顿……

有人说，年少时谈论的理想时代终究没有到来，现在我们是疲惫的中年人，跑马圈地般地奔向我们抵触的年岁，我们争先恐后地成为自己不想成为的那个人。

年少的时候，总觉得人只有成功才是最好的生活，现在我不再觉得好的生活一定要等到奋斗成功之后才能得到，好的生活更多的是你内心的一种感觉，能够让你真正愉悦的，哪怕是一个微笑、一餐美食、一个拥抱、一个阶段性的小胜利，还有你勇敢向前走的决心。

我们缺乏的不是改变的决心，而是行动，这个世界上很多事是需要立刻去做的。

你要相信，我们总在路上，每一天都在出发。哪怕是用心化一个妆，做好一顿早餐，买盆心仪的花，养一只自己喜欢的小宠物，学会一首歌，买件漂亮的衣服，都是最好的开始。

《天使爱美丽》里说："如果注定孤独，那我愿意去爱整个世界。"

愿你找到那个最好的自己，心中有暖阳，此刻就是诗和远方。

什么样的年龄，
都不必认输

也许你适合走得慢一点

◇ 艾小羊 / 文

王朔写过一篇文章，标题很调皮，叫《唯一让我欣慰的是，你也不会年轻很久》。

他说自己永远活在二十五岁。直到有一天，看到一个很心动的姑娘，心里第一个念头竟然是："这个姑娘对我来说会不会有点小？"这时，他才觉得原来在爱情面前，要服输。

我也是一个对年龄特别不敏感的人，从没有给自己设置过任何年龄限制。觉得年龄这东西，除了在某些极限运动或者爱情（主要指生育）里面，的确起到一条金线的作用，对于人生大多数事情，年龄都不是问题。

即使大公司招聘，"三十五岁以下"的要求下面，也常常跟着特殊人才可放宽限制。更何况如今越来越多的人，把自己活成了 U 盘，即插即用，不依托于哪个公司哪个组织，生活方式已经拓展到，不开公司却做自己的老板。

我面前曾经坐着一个二十六岁的姑娘，她的目标是三十岁以前找到自己喜欢的人与事，然后相伴一生。

"如果三十岁还没找到，我就认输，随便混了。"

她的手指尖在茶杯的杯沿处一圈圈划过，仿佛那里面藏着一个慈悲的救世主，可以因为貌美如花的撒娇，而将一颗许愿星交在她手里。

我忍不住回想自己的三十岁，如今我爱的人与事，都不是在这个年龄之前搞定的。我将自己最宝贵的二十多岁浪费在一间暮气沉沉的国企里，但这丝毫没有妨碍我在三十岁之后奔赴新生活的步伐。

像张爱玲说的"出名要趁早"，在三十岁之前，获得名气与财富、爱情与婚姻，知道自己要什么，能做什么，当然是一件好事。然而，你又怎么知道你是否是另外一种人：适合在三十岁之前走得慢一点，积累足够的勇气，三十岁之后迈出坚毅沉稳的步伐？

每一个年龄段都要放下一些东西

关于年龄的紧迫感，每个人都有。

当你发现主管比自己年轻，风投开始青睐 90 后，在你出生那年创立的品牌，90% 已经灰飞烟灭，剩下的也在商标下面加一个"Since ×× 年"，以显示与百年老店的近亲关系，你会觉得时间像被一下子偷走，而不是一天天过完的。

然而，因为年龄的紧迫感，而给自己设置做某事的年龄上限，并不会因此让时间放慢脚步，只会增加更多的焦虑。

这不是为自己负责，而是对岁月撒娇。让我想起我四岁的小女儿，每当她担心我不答应她某件事，就会说，如果你现在不答应我，以后给我我也不要了。

既是撒娇，更是因为没把握与怕输，所以要划一条年龄的金线为自己遮羞。无论这条金线划在三十岁，还是四十岁，所显示的都是你既放不下欲望，却又信心不足。

二十岁的时候，我特别想要男朋友送我一条镂空花纹的围巾，当时在商场看到，价格不菲。

人在每一个年龄段都会放下一些东西，这样的放下，与输赢无关。
它是对自我需要更加具有自知之明之后的选择。

你最好的样子就是做自己 ♢

三十岁的时候，我鄙视一切镂空与蕾丝，深深为它们身上的廉价感震惊。

我当然不会承认是因为我的身材再也无法穿着蕾丝黑背心与短得不能再短的红色热裤，挤在公共汽车里，享受身后男生的指指点点：哇，这女孩身材真好。

人在每一个年龄段都会放下一些东西，这样的放下，与输赢无关。它是对自我需要更加具有自知之明之后的选择。

与年轻相比，选择权更重要

生活不易，人干吗要跟自己过不去呢？当你发现，有许多衣服已经不再适合你，与其悲伤岁月是把杀猪刀，不如欣喜若狂地认为自己的品位果然随着岁月的积淀而突飞猛进。

你不再是一个随便的姑娘，随便换个工作，随便买件衣服，随便谈一次恋爱，不代表你老了，而代表你终于有选择的资格与能力了。

与年轻相比，选择权更重要。

能穿薄露透的时候，你在害羞；穿不了的时候，你在后悔。这是我心目中唯一可称为"输"掉的人生。

人的一生，是在不断与自己做生意，无论什么年龄，我们都不能做赔本的买卖。当你决定，或者身不由己地要放弃一件事，一定要拿出等量的得到来交换。

放弃事业的奋斗，就要交换生活的安稳，在业余爱好中获得成就感。

放弃爱情的追逐，就要交换一个人的清静、自足，或者为婚姻而婚姻的现世安稳。

放弃稳定的工作与生活，就要交换十分的努力，去成就一个时刻鸡血在线的姑娘。

失去的留不住，得到的最重要

对于一个忙着与上帝讨价还价的人来说，什么年龄应该认输，这真是个难题。

只能说，什么年龄，都有得到与失去。这不是年龄的悲哀，而是生而为人的宿命。不要为失去的而悲伤，以为那就是年轻时的光耀；更不要因为失去，而将你并不看重的东西，加持了宝贵的光芒。

失去的留不住，得到的最重要。

当息影多年的山口百惠，拿到日本最高规格拼布大赛的奖项，她不是大明星，而是一个可以安静下来，与宁静、耐心做朋友的女人。你很难说清楚，究竟是做大明星还是做拼布的主妇更幸福。

或者所有这些，只是一个幸福的女人的不同阶段。幸福就像一壶茶、一碗汤，当你喝完了一碗，就要期待下一碗。人与人之间的区别，不是谁能永远年轻，而是你在怀念上一碗，还是期待下一碗。

愿我们永远做期待下一碗的人。满怀热情地投入更加得心应手的新生活。如此，什么样的年龄，都不必认输。

艾小羊

资深媒体人、畅销书作家，清唱成长课堂、艾小羊高效写作圈创始人，多平台拥有百万粉丝。她为复杂人生解局，对品质生活上瘾，是一个很会写文章的二孩妈，一个很会做饭的畅销书作家，一个很会聊天的咖啡馆老板娘。

已出版著作：
《活成自己就好了》
《我不过无比正确的生活》

你想改变自己，
什么时候都不晚

◇ 胡峰 / 文

1

一个偶然的机会，我在某杂志上看到我很喜欢的著名主持人——敬一丹的一篇专访报道，在这报道中，有一句话让我感慨颇深。

从北京广播学院毕业后，敬一丹回到了自己的家乡黑龙江，在黑龙江省人民广播电台工作。因为经历过上山下乡的知青生活，敬一丹的文化底子薄，于是她报考了母校的研究生，可惜的是，她连续两次都名落孙山。

当时，敬一丹已经二十九岁了，不想再这样折腾了，但就这样放弃，她又有些不甘。

那段考研的日子里，她一直闷闷不乐。幸运的是，敬一丹的母亲是个知识女性，看着愁眉不展的女儿，母亲语重心长地对敬一丹说："人的命运掌握在自己手里，真要想改变自己，什么时候都不晚。"

"什么时候都不晚"，就是这一句话，让敬一丹第三次走上了考场，终于在三十岁的那年成了北广的研究生。

入学不久，敬一丹就结婚了，她的丈夫在清华大学读研究生。虽然有了家，但他们依然住在各自学校的集体宿舍里，一日三餐在食堂里吃饭，和单身生活几乎没有什么区别。

三年的苦日子熬过后，敬一丹留校任教了。在别人眼里，一个女人在大学里当教师，工作既体面又轻松，收入也不错，而且有很多时间可以照顾家庭。很多人都羡慕她，但她对自己的生活状况并不满意。她觉得自己是学新闻的，更应该到一线去做更有挑战性的工作。

三十三岁那年，中央电视台经济部来北广要人，经过面试、笔试和实践考核，敬一丹幸运地被录用了。当时来自亲友们的阻力很大，他们说她是头脑发热，都三十多岁的人了，还瞎折腾什么。

敬一丹想，如果自己听从了他们的意见，也许这辈子就会在北广做一名教师，永远过着波澜不惊的生活，那将是她一辈子的遗憾。

在人生的关键时刻，敬一丹又一次犹豫了，自己真的还有能力面临这次新的人生考验吗？那段时间，敬一丹不断地想起母亲的话："人要想改变自己，什么时候都不晚。"敬一丹最后的决定是，不管怎么样，不能让自己的人生留下遗憾，哪怕失败了，我也无怨无悔。就这样，敬一丹在三十三岁那年走进了中央电视台，成为一名主持人。

从此以后，中国多了一名家喻户晓的知名主持人。

2

人生前期越嫌麻烦，越懒得学，后来就越可能错过让你动心的人和事，错过新风景。

这段话让我感触颇多。因为我经常遇到那些对自己现在的生活充满抱怨的人，他们口中说得最多的词语就是"如果"。然后，他们并不去行动，不去改变自己，结果只能让自己一再错过机遇。

人想要改变自己，什么时候都不晚，最关键的就是你要有改变的决心。**当你下定决心勇于改变自己时，你的人生就会发生翻天覆地的变化。**

小梅是我的大学同学，毕业后，回到老家小城找了一份不错的工作。她却为婚嫁的事情烦恼，不出众的外貌和略有些女汉子的性格，使得本来性格就内向的她几乎很难遇到一个互相喜欢的男人。

小城市的生活单调而乏味，她打算出国或者换工作到大城市生活，但迟迟无法下定决心，一方面现在的工作是国企，比较稳定，另一方面惧怕出国的复杂流程和大城市的激烈竞争，就这么纠纠结结了六年。到了三十岁，由于社交圈子的狭隘，她还是那个长相平凡、心思粗放的她，于是理所当然地成了剩女。

终于有一天，她狠下心来，跳槽到了北京。

新公司不仅给了她一个职位，还提供了一个有院子的宿舍，工资也比原来高好几千，再攒攒加上以前的积蓄就可以买房付首付。

工作对于出色的她并不算有难度，多年积攒的经验让她如鱼得水，她开始收获以前很少听闻的肯定。刚换工作再加上加班比较多，她并没有很多时间去认识新的人，但是随处可见的书店，公司旁边的健身房和丰富多样的活动已经让她开始关注

人的命运掌握在自己手里，
真要想改变自己，什么时候都不晚。

你最好的样子就是做自己

时尚、新事物和自己，公司的大龄姑娘有好几个，她也不觉得孤单和异类。

有一次她代表公司去交涉业务，对方公司的小伙子见她做事认真，待人诚恳，要了她的电话，后来开始约她吃饭。她压抑了许久的心情终于慢慢变好起来，开始想如果六年前来北京就好了。其实仔细想一下就知道她的条件更适合看重能力的地方，而且她也很喜欢丰富的精神生活，这里还有很多比她优秀的单身男士。她甚至开始决定准备出国。

只是那虚掷的六年时光再也回不来了，她也许依然没有组建起一个家庭，但绝对可以谋得一份好职位或者更快速的成长。

有些事情你不做，你想要的生活就得不到。但是，如果你想要改变自己，什么时候都不晚。

3

我还认识一个女孩，二十五岁，在一家文化公司做策划。她性格爽朗，相貌也不错，唯一的缺点就是有点儿胖。其实也不算胖，一百二十五斤，只是略微丰满，但在这以瘦为美的年代成了各种靶子，即使她面若桃花，也不能抵消掉这多余的二十五斤。

女孩从来没瘦过，所以她从不认为是体重的问题，她责怪这个世界太过看重外貌，责怪男生们太过势利，相亲时去那么差的餐厅，责怪自己的命运不好，但是依然难逃相亲后对方的销声匿迹和相亲时的冰冰冷冷。世界没有为她改变，她却在一次次失望中开始丧失自信。

她变得更胖了，也不如以前那么活泼开朗，甚至有些自闭。她不明白为什么到了二十五岁，自己还没经历过一次像模像样的爱情，都是隐形女友、异地恋，甚至有一次差点成了小三。

直到有一次相亲对象直言说她有点胖，她看着对面长得歪歪扭扭，说起话来口无遮拦，付钱时磨磨蹭蹭的陌生男子，突然流下眼泪。

然后她开始减肥，方式很激烈但也很有效果，三个月后，她已经是九十五斤的长腿美少女。她本来就不矮，穿上高跟鞋和短裤，加上本来就很好看的五官，走在街上，大部分男生都是要多看两眼的。

各式各样的朋友开始主动找她吃饭和聊天，大家发现她原来是这么美好的女孩子。她的乐观开朗，她的善良温柔和优美的文笔，她阳台上的花花草草和一手好厨艺，都在她的瘦削和凹凸有致下熠熠生辉起来。

她看着办公桌上一大束昂贵的玫瑰，觉得恍若隔世，她不知道为什么她要花那么久的时间去过以前那么可怕的生活。十七岁的时候不减肥让你没有初恋，二十五岁不减肥你依然没有初恋。

能够发现自己的不足并勇敢改变自己的人是幸运的，他们知道自己真正想要什么，而且得到了自己想要的生活。

很少有人能一步就拥有自己想要的生活，也许我们要走很长一段时间的弯路，但这有什么关系呢？就像在夜路中行走，你收获了满天闪亮的星星，磨炼了心性。

4

如果你还在想那份看起来很不错的工作，既可以到处旅游，又可以轻松高薪，可是你的学历不够，为什么不去把学历变得更高？不过是三四年的时间。否则你十年之后依然守着这份侵占你所有时间却给你只够基本生活开销的工作。

生活不仅仅有静止和重复，我们已经来到一个基本公平的时代，只要你的渴望合理，你付出努力，世界会找到方法帮你实现。我们已经来到一个高标准的时代，人人都在追求生活的品质。我们期盼拥有自己喜欢的东西，而不是仅仅活着。

爱一个自己喜欢的人，做自己喜欢的事情，拥有自己想要的亲密关系，向自己喜欢的方向前进着，对于我们，都是像呼吸一样重要的事情。只是有些事情你一天不做，你就多一天生活在自己不想要的环境中。

而且，不想要的今天会导致更不想要的明天，更不想要的明天会导致十分不想要的后天。既然生活给了我们选择的权利，告诉了我们得到想要的人生的知识和道路，那么为什么不及早踏入追求的路途中。

生命很长，何时上路都来得及，只要是好的改变，什么时候都不嫌晚。

胡峰　　一个把日子过成段子、把心事写成故事的暖心大叔，懂你说的，更懂你没说的。江湖路远，愿与你并肩。

不断变化，
是最高级的稳定

1

◇ 林一芙 / 文

快要毕业的那年，我在医院实习。当时我整个人处在一种倦怠的状态里，有个带教的老师问我："既然你很会写东西，为什么不去写呢？"

我搪塞地说了很多理由，最重要的是"我不想丢掉稳定的生活"。

其实，那是我最恐慌的一年，多年空想者的生活让我唯有这一门傍身之技，却还学得不尽如人意。

生活好像将我置于一口深井之内，身

边只有一条垂蔓可以往上攀爬。我把它称为"稳定",因为我别无选择。

这条垂蔓会不会断,它通向哪里,我通通不知道。

我将自己困在一成不变的环境里,以为一成不变是保有安全感的良方。

2

人真的是一种"拆了东墙补西墙"的动物。精神上最缺少什么,就试图用形式化的生活来弥补。

"我一点儿都不害怕改变,我只是不想改变啊。"人在恐惧的时候,都习惯这样对自己说。

这句话的适用范围很广:

赶末班车回家,瘫在床上看着白惨惨的天花板,只想看着肥皂剧到天亮的时候;

定好了第二天早起预习的计划,却任凭闹钟响了几百回,抵死也不起床的时候;

因为相处的时间长,就和不爱的人勉强牵手同行,接到不期待的捧花还要假装欣喜的时候。

今天的我和昨天的我并没有什么不同,没有更好,但也没有更差——这是一种最低成本的稳定。

这种所谓的稳定，不过是因为缺少筹码导致的安全感缺失。

3

那时候开始有同事离职，很潇洒，两手空空而去。

问了才知道，她早已经在工作间隙考上了一所国外的大学，以此作为工作的跳板。

我那时候才意识到：那个每天看上去和我过着同样生活的人，其实有着与我截然不同的生活。

我在八小时之外，将自己养成了一个只会看肥皂剧和综艺节目的沙发土豆。而她通过八小时之外的努力，为自己换来了不断变化的资本。

她有底气对任何生活说不，而我不行。

那时候我问自己："你要怎么做才可以和她一样？"

我决定从最容易的一点开始做起，重拾旧业，去写作。

开始写作之后，我迎来了很多不同的挑战。要每天想新的选题，学习自媒体的操作。后来出版了新书，还要学着配合新书的宣传。再后来，开始有了一些活动邀约，慢慢去熟悉流程。

坦白来说，我做得并不是很好。但很久不见的朋友见了我说，我脸上的那种焦虑不见了。

稳定是一种最高级的生活状态，它像个泥人，今天被浇透，明天被重塑，

然后再浇透、再重塑。每一次更新后，都会遇见完全未知的自己。

你最好的样子就是做自己 ◇

我一度以为,这是因为跳出舒适圈后,自己忙得没有了焦虑的时间。

其实,当你手握选择权的时候,就会发现稳定变成了触手可及的东西。

什么才是高级的、高附加值的稳定?

是你以为一个人在变化,但他其实没有变过,始终稳稳地听从着自己的声音。

4

稳定是一种最高级的生活状态,它像个泥人,今天被浇透,明天被重塑,然后再浇透、再重塑。每一次更新后,都会遇见完全未知的自己。

从那时候开始,生活不再是将同样的一天重复一百遍、一万遍,我每天清晨拉开窗帘,都活在"原来我还可以是这个样子"的惊喜中。

我不知道有多少人像我一样,经历过恐惧变化的人生阶段,才轻描淡写地说:"这是我的选择。"

我不再等着被人从外到内打破生活,反倒常常由自己从内到外地打破。

在从前的安稳中,我想得最多的问题是:十年后的我会是什么样子。

那时候我心里有个确切的答案：我可能会有一套靠江的房子，有温厚的爱人和淘气的孩子。

现在还是同样的问题，只是期限被渐渐缩短了。我开始好奇的是：明天的我会变成什么样子。

答案是未知的，但无论是什么，我都不再恐惧了。

如果你害怕、厌恶变化，才意味着你真正拒绝了稳定。你随时暴露在"此路不通"的危险里，并为"仅有此路"栗栗自危。

改变之后，你会遇见一个未知的自己。他不需要谁的臂弯，可以自己动手制造襁褓，然后舒舒服服地躺进去，给自己道一声"晚安"。

林一芙

现为多家专栏作者。他在医院里玩过刀，剧组里打过光，机构里做过讲师。二十二岁的生活记录，十余种特殊行业的深度体验，只为讲诉各行各业小人物的温情故事。

已出版著作：
《我们只是不想要一个平庸的未来》
《没有一个梦想可以纸上谈兵》等

旅行是一种草药

◇ 毕淑敏 / 文

她是一个抑郁症患者，吃了很多药，总是刚开始的时候有效，后来就渐渐失效。神经科的医生对她说："你在吃药的同时，还要进行心理治疗。"于是，她找到了我。

在进行过一段治疗未见明显效果之后，我对她说："你要去运动。"

她是一位女白领，因病已经很久没有工作了。她漠然地说："我从小就不参加任何运动，现在我都病成这样了，哪里还有心思去运动呢？"

我思忖着说："你去旅游吧。"

她说："一点儿兴趣也没有。"

我说："既然想治病，你就要听医生的。你必须出发。"

她终于艰难地决定试试，问："到哪里去呢？"

我说："你想到哪里去呢？"

那时正是盛夏，天气极端炎热，闷得人恨不得将胸膛撕个口子透透气。我说："我建议你到三亚去。"

她说："北方已经热成这个样子了，海南多不舒服啊。"

我说："听我的吧。"

过了两天，她打电话说正在旅行社报名，有三星级、四星级、五星级的团，到底参加哪一个呢？

"参加最便宜的团。"我说。

她在电话那头说："毕老师，不要为我考虑省钱的事儿。无论哪种团，都比旺季要便宜三分之一。现在是淡季，又闷又热，马上还要来台风，几乎没有人到海南旅游。来报名的都是一些底层民众和大学生，图的就是便宜。"

我说："这太好了。"

她不解："好在哪里呢？"

我说："好在有台风啊。"

她说："很多人听说有台风就退团了，您却说好，真是不明白。不过，反正我是无所谓的，我连死都不怕了，还怕台风

◇

微笑不需要多么惊天动地的理由，
只要感受到清风朗月、大自然的生机，就可嫣然一笑。

吗？我这就报名了。"

我说："回来之后，你就报名去西北大漠。"

她说："就不歇歇吗？"

我说："不用，你支撑得了。"

等到她一个月后从海南和西北回来，简直像换了一个人，语速快了一倍，两眼炯炯有神。她拿出一个椰子壳做成的披头散发的小娃娃，说是送给我的礼物。

她微笑着说："我知道心理医生是不能收受来访者礼物的，所以那些比较贵重的东西，我就不送您了。这个椰子壳娃娃只要两块钱，您收下吧，以后您看到她，就像看到了我。我觉得自己已经好了，以后就不再常常上您这里来了，希望我再也不会和您见面。这对一般人来说是伤感的事情，但对我来说是快乐的事情。您作为心理医生，是不是也不愿意再看到您的来访者啊？ 如果他们永远不再来，您是不是特别高兴啊？"

这番话讲得多好，我感觉她已经走出了生命的幽暗巷道，看到了曙光。我收下了那个嘻嘻笑着的椰子壳娃娃，说："有一个小小的纠正，我虽然希望永远不在诊所里再看到你，但我希望确切地知道你在这个世界上好好地生活着。"

她说："会的。从这次旅游中，我深深感受到生活的美好。以后，若是一发现自己有复发的苗头，我马上就报名参加一个旅行团。记得我上次同您说过，我还没有去过欧洲呢。"

我说："如果是单纯的旅行，你可以到欧洲去。如果真的像你所说的，是要把自己抑郁的症状在第一时间反击回去，那么欧洲可能不是一个最好的选择。"

她有些不解。

我说："请你告诉我，这次旅行，让你印象最深刻的是什么？"

"台风。"她说，"我以前只是听说过台风，并没有亲眼见过。狂风暴雨，惊涛骇浪，太可怕了。有好几次，我真的觉得自己要死了。我以为自己是不怕死的，**但在大自然的暴虐威力下，我开始珍惜自己的生命。**"

我说："还有什么？"

她愣了一下，说："肮脏。您让我报的是比较低档的旅游团，住宿和饮食的卫生状况都比较差，又正是炎热的夏季，那么多苍蝇……在西北，我看到苍凉大漠，倒是不脏，可那是多么干旱和枯燥的所在啊。"

我说："还有呢？"

她突然有点儿不好意思，说："抢着吃饭。旅游团吃饭是十人一桌，每天都是在低档小饭馆吃团餐，我不敢说人家一定克扣了伙食费，但几乎每顿都吃不饱是千真万确的。每天吃饭的时候，先上一大盆米饭，让大家把肚子填个半饱，然后才上菜。盛菜的盘子很小，根本就不够吃，九双筷子蜂拥而上，每人只夹了几下，盘子就见了底儿……我哪里见过这阵势啊！拿着筷子还在那里等着你谦我让呢，还没动手，桌上就只剩下残汤剩饭了。"

我说："这就是最基本的生存法则。"

她说："是啊，我只好抖擞精神，加入生龙活虎的吃饭大军里去了。三顿饭之后，我就毫不示弱地争抢了；三天之后，我简直变成了一个饕餮之徒。然后，我的心情就在不知不觉中发生了变化，我会在听到海鸥的叫声时露出微笑，您知道，我已经许久不会微笑了，因为我找不到微笑的理由。现在我知道了，微笑不需要多么惊天动地的理由，只要感受到清风朗月、大自然的生机，就可嫣然一笑。"

话说到这份儿上，真让我觉得她不虚此行。到此刻，我几乎确信，她渐渐走出了抑郁症的阴影。

她兴致勃勃地说："大约在旅游两星期之后，我感觉到了自己体内油然而生的变化。我不再那样百无聊赖了，也不再对任何事情都没有兴趣了。我要感谢海南，感谢西北，这是我的再生之地。请您告诉我，当初您为什么一定要我到海南去，而且要报一个低档团，要迎着台风出发呢？"

我说:"我想让你到一个和现实生活有很大反差的地方,五官和四肢就会开动起来,古老的生存法则就开始起作用。你看到新的景物,听到新的声音,闻到不同的气味,连空气的冷暖都是不同的,机体就被动员起来,不再像破抹布一样萎靡不振。特别是遇到台风这样极端的天气,挑战就更猛烈。抢着吃饭的体验,对很多人来说已经非常陌生。人生理上古老的动力是很有激情的,会调动起身体的内分泌系统开始工作,而不是先前的一潭死水、一盘散沙。"

从那以后,我再没有见过她。我祝福并相信她在这个世界上的某个地方,快乐地生活着,旅行着。

人，需要出走

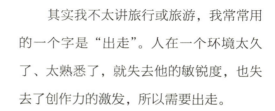

♡ 蒋勋 / 文

其实我不太讲旅行或旅游，我常常用的一个字是"出走"。人在一个环境太久了、太熟悉了，就失去他的敏锐度，也失去了创作力的激发，所以需要出走。

我七零年代在欧洲读书，那时候我写关于文艺复兴的艺术史，老师问我："你有没有去过意大利？"我说还没有。他说："你没有在米开朗基罗的雕像前热泪盈眶，你怎么敢写他？"后来我在意大利跑了一个月，身上就是一个背包、两件衬衫。

我也曾经睡火车站，那时候坎城的火

车站是一片年轻人睡在里面。他们问我："你怎么没带报纸？要铺报纸的。"他们就分给我。早上五点，警察带了一大桶的咖啡，当，当，当，敲着桶子，叫醒大家，请大家喝完咖啡离开，火车站要营运了。

不要问该准备什么，先问你爱什么

欧洲有种青年出走的文化。我在翡冷翠认识了一个十四岁的苏格兰小孩，戴个毡呢帽，用打扫厕所一个学期存的钱，就到欧洲来旅行。花完了，一点也不害怕，就去街上吹苏格兰风笛，再继续下一段的旅行。我那时候感触很深，不同的文化，年轻人可以这么不一样。他们将来长大以后，担当的事情也绝对不一样。

我们宋朝诗人柳永说，"今宵酒醒何处？"中国文化里面本来有这个东西。可是这个文化老了，失去了走出去的勇敢。年轻人的生命力没有了，生命力消失了。

我希望"壮游"，带动的是年轻人走出去，闯一片天。如果今天不能打出一片天，将来一辈子也不会有出息。很多人要去欧洲，都会觉得我在欧洲很久，就会来问我："我要去欧洲，要准备什么？"我就会反问他："你觉得你要去做什么？"

当你自己很清楚要做什么，意志力很强的时候，所有困难可以一层层克服。

我们今天小孩的准备，他们的信用卡、语文，绝对比当年拿着商品样本在欧洲闯的台湾商人好，但是他们就是走不出去，因为他们没安全感。甚至有人好几年都在问，但最后就是走不出去。

其实壮游有一部分，是先走出去再说

我常常跟朋友说，《西游记》里孙悟空那么厉害，他一翻筋斗就是十万八千里，那他去取经不是很容易吗，为什么是唐三藏取经？因为孙悟空没有动机，而唐三藏有动机；虽然没有取经的能力，但是动机是比能力重要的。没有动机，根本就没有出发点，连起跑点都没有。只要有动机，就很棒。最怕的是无所爱。

如果年轻人想要走出去，我会问他，"你爱什么？"如果喜欢摇滚，要去玩重金属，想要跟乐团，我都觉得很好。此外，"壮游"的"壮"字，不只是炫耀。壮这个字，包含了一个深刻的，跟当地文化没有偏见的对话关系。

旅游是很大的反省，是用异文化去检查自身文化很多应该

人在一个环境太久了、太熟悉了，就失去他的敏锐度，
也失去了创作力的激发，所以需要出走。

反省的东西。比较里面，了解文化的不同，没有优劣。

就像写《裨海纪游》（编按：清朝康熙年间记录台湾山川风物之著作）的郁永河，他看到台湾少数民族被抓来拖牛车，下雨他们就在淋雨。他就问："为什么不让他们在屋檐下躲雨？"翻译官就告诉他："他们其实跟动物差不多，他们是不怕淋雨的。"郁永河就叹了一口气说："亦人也。"

所有好的旅游书，都会有这个观点。著有《真腊风土记》、出使吴哥城的周达观是元朝的北方人，所以他南下的时候，受不了天气。他不了解当地人怎么每天洗好多次澡。

一年之后，他变了。当初他带着大国心态，当时元朝那么伟大，但他后来说：真腊（位于今日柬埔寨的吴哥窟），一个小小的东南亚国家，可是礼仪这么严整，不可轻视也。"

我觉得，人不可能没有主观，可是慢慢在旅游里面，修正自己的偏见跟主观，才是好的旅游。

不只向外观察，而是向内反省

即使只是参加旅行团，也可以有不一样的体验跟视野。现在信息真的很发达，在出发以前，可做一些准备的工作。第二个，到现场之后，尽量检讨自己的主观。

我带朋友去吴哥窟，我会说："我现在带你们去柬埔寨人的家。"他们下车都会吓一跳，真的什么都没有。我们叫作"家徒四壁"，他们连壁都没有。我在台湾，老觉得我还缺什么。

　　到那里，我第一次想："我在台北的家有什么。"我以为我比他们富有。可是后来我看到他们男男女女从田里回来，脱光光的在河里、莲花当中，彼此泼水、唱歌，我觉得他们比我富裕太多了。

　　我一生当中都没有这样的经验。我觉得这就是个很大的收获。所以我觉得任何一个旅游都值得，因为只要一对比，你都会回来检讨自己的生命意义和价值。

　　旅游不只是看，更是找到自己内在，最美的东西。外在的风景，其实是你自己的心情。所以壮游绝对不只是向外的观察，而是向内的反省。

　　在一个环境久了，不但爆脑浆、爆肝，还会变得"僵化"与"麻木不仁"。

　　出走当然是一个很棒的选择，若短期无法成行……阅读、手作、聊天、学习、陪伴、分享、运动、散心、唱歌、画画……也是很不错的方法。只要能让你的生活比重产生变化的，自然也会改变你的生活质量，避免脑子僵化、心灵麻木了。

　　有多久没抬头看看天，看看路边的小花小草，听听在行道树上吱喳的小鸟？就从这个简单的改变开始吧！

蒋勋　　台湾知名画家、诗人与作家。他文笔清丽流畅，说理明白无碍，兼具感性与理性之美，有小说、散文、艺术史、美学论述作品数十种。

已出版著作：
《此生：与己身最美的相遇》
《美的沉思》等

生活因慢
而更有美感

岁月静好，人生的每一步，都有值得去发现的美。

无论财富多少、地位高低，

我们都能根据自我的心境、品味和信念，找到最适合自己的状态。

让生活慢下来，不盲目、不空虚，

享受无压力、有品质的精致生活。

让生活慢下来

◇ 鬼脚七 / 文

杭州这两天阴雨绵绵，天气开始变冷，西湖也在烟雨中朦朦胧胧的。

我早上不到七点就起床了，洗漱完毕，匆匆吃了早餐，开车送闺女上学。小区门口，邻居们排着长长的队，正焦急地等着班车到来，马路上一辆水泥车呼啸而过。是的，不知道为什么水泥车速度那么快。

每次送闺女上学，我都绕道从西溪湿地里面走，一方面是因为没有红绿灯，另一方面是因为想看看风景，但每次都担心闺女上学迟到，一路总是匆匆而过。等把闺女送到学校，松了一口气，打开车内的化妆镜看了看自己的脸，眼里有些血丝，略显疲惫。

最近找我合作的人太多，好多是之前认识的朋友，不去应酬也不好，我还要写文章，这么下来，搞得自己还是很忙。

前几天我跟老婆说："我离职了，怎么好像现在比之前上班还忙？"老婆问："这是你想要的吗？"

前两天"双十一"，为了报道最新情况和进展，我两天总共才睡了四个多小时。当时一时兴起，为了凑热闹，把我的签名书也放到淘宝店上卖，还让读者可以定制签名，后来实在忙不过来，就自己把书下架了……

这是我想要的吗？我开始问自己。或许我们每个人都可以问问自己。

我们忙着追赶越来越快的世界，却发现自己想慢都慢不下来了。

昨天有个做漫画又有点文艺范的朋友给我打电话，约我喝茶。我问："你现在怎么有时间喝茶，我记得你们也有天猫店吧？"

他说："我们在'双十一'之前把商品都下架了，我们不卖。"我很奇怪，问："为什么？"他回答："呵呵，为了自由。"

我就是为了自由而离职的，起初以为做自媒体应该是个自由职业，可以清闲一些。但事实并非如此，依然忙忙碌碌。

　　昨晚，我静坐冥想这件事情。逐渐明白，其实哪里有什么完全自由的职业，所有的职业都不自由，但所有的职业又都很自由。

　　真正的自由和幸福一样，只在人的心里。

　　身体和心灵，组成了一个正常的人。我们平时都知道要锻炼身体，但很少有人会注意到自己的心灵。身体会疲惫，心灵也会。禅修就是一种放松心灵、锻炼心灵的方式。

　　上次我去甘孜参加了一次禅修，回来后就毅然提了离职。我现在已经离职，过两天会再次去禅修，会不会有什么新的变化？

　　我离职以后，面对的选择一下子多了很多，或许是该安静下来想一想了，至少让自己不要那么忙。

　　朋友的一篇微信文章，触动了我，也分享给你：

　　　　我们追赶这个越来越快的世界，

　　　　却发现自己想慢都慢不下来。

　　　　我们被满屏的打折商品诱惑，

却忘记了自己并不需要这些。

是的，物质跑得太快了，灵魂被远远抛在了后面。除了得到一堆不一定需要的打折商品，我们还能得到什么？最想要的身心自由又在哪里呢？

世界快就快吧，
让自己慢下来。
落后一点又如何？
倒数第一又如何呢？

发发呆，看看书，听听音乐，出去走走，这种简简单单的自由，是不会打折的。

我们不需要面具，不需要追赶，更不需要攀比，我们都可以做回最真实的自己。

那个朋友还向我请教，想快速做好电子商务。我说："你不是在文章中说要慢下来吗，慢慢来！"

或许每个人都是这样，有时候清醒，有时候也矛盾。只因我们都是凡人。

外面依旧下着小雨，烟雨的江南，虽然有些冷，但别有一番味道。

重要的是，我写完这些文字，平静了很多，希望你看了以后也会如此。

鬼脚七

鬼脚七，本名文德，法号行空。他是电商奇才，曾在淘宝工作九年，从基层员工做到高管。他是自媒体专家，两年多的时间，自媒体"鬼脚七"已积累了百万忠实的粉丝。

已出版著作：
《没事别随便思考人生》
《人生所有经过的路，都是必经之路》

人在有闲的时候，
才最像人

◇ 梁实秋 / 文

英国十八世纪的笛福，因《鲁滨孙漂流记》一书闻名于世。其实，他写小说是从近六十岁才开始的，他以前的几十年写作，差不多全是以新闻记者的身份写的散文。最早的一本书是 1697 年刊行的《设计杂谈》(*An Essay Upon Projects*)，这是一部逸趣横生的奇书，我现在不预备介绍此书的内容，我只要引用其中的一句话："人乃是上帝所创造的最不善于谋生的动物；没有别的一种动物曾经饿死过；外界的大自然给它们预备了衣与食；内心的自然本性给它们安设了一种本能，永远会指导它们设法谋取衣食。"

"但是人必须工作，否则就要挨饿，必须做奴役，否则就得死；他固然是有理性指导他，很少人服从理性指导而沦于这样不幸的状态；但是一个人年轻时犯了错误，以致后来颠沛困苦，没有钱，没有朋友，没有健康，他只好死于沟壑，或是死于一个更恶劣的地方——医院。"这一段话，不可以就表面字义上去了解，须知，笛福是一位"反语"大师，他惯说反话。

人为万物之灵，谁不知道？事实上，在自然界里一大批一大批饿死的是禽兽，不是人。

人要适应理性的生活，要改善生活状态，所以才要工作。笛福本人是工作极为勤奋的人，他办刊物，写文章，做生意，从军又服官，一生忙个不停。就是在这本《设计杂谈》里，他也提出了许多高瞻远瞩的计划，像预言一般，后来都一一实现了。人辛勤困苦地工作，所为何来？夙兴夜寐，胝手胼足，如果只是为了温饱像蚂蚁、蜜蜂一样，那又何贵乎做人？

想起罗马皇帝马可·奥勒留的一段话："在天亮的时候，如果你懒得起床，要随时做如是想：我要起来，去做一个人的工作。我生来就是为了做那工作的，我来到世间就是为了做那工作的。那么，现在就去做那工作又有什么可怨的呢？我既是

人类最高理想应该是人人能有闲暇，干必须的工作之余还能有闲暇去做人，
有闲暇去做人的工作，去享受人的生活。

你最好的样子就是做自己 ◇

为了这工作而生的，那么，我应该蜷卧在被窝里取暖吗？'被窝里较为舒适呀。'那么，你是生来为了享乐的吗？简言之，我且问你，你是被动地，还是主动地要有所作为？

"试想每一个小的生物，每一只小鸟、蚂蚁、蜘蛛、蜜蜂，它们是如何地勤干劳作，如何地克尽厥职，以组成一个有秩序的宇宙。那么，你可以拒绝去做一个人的工作吗？自然命令你做的事还不赶快地去做吗？

"但是一些休息也是必要的呀。这我不否认。但是根据自然之道，这也要有个限制，犹如饮食一般。你已经超过限制了，你已经超过足够的限量了。但是讲到工作你却不如此了，多做一点你也不肯。"这一段策励自己勉力工作的话，足以发人深省，其中"以组成一个有秩序的宇宙"一语至堪玩味。使我们不能不想起，古罗马的文明秩序是建立在奴隶制度之上的。有劳苦的大众在那里辛勤地劳作，解决了大家的生活问题，然后少数的上层社会人士才有闲暇去做"人的工作"。

大多数人是蚂蚁、蜜蜂，少数人是人。做"人的工作"需要有闲暇。所谓闲暇，不是饱食终日无所用心之谓，而是免于蚂蚁、蜜蜂般的工作之谓。养尊处优，嬉邀惰慢，那是蚂蚁、蜜蜂之不如，还能算人！靠了逢迎当道，甚至为虎作伥，而猎取一官半职或是分享一些残羹剩饭，那是帮闲或是帮凶，都不是人的工作。

奥勒留推崇工作之必要，话是不错，但勤于劳作亦应有个限度，不能像蚂蚁、蜜蜂那样地工作。劳动是必须的，但劳动不应该是终极的目标，而且劳动亦不应该由一部分人负担而令另一部分人坐享其成果。

人类最高理想应该是人人能有闲暇，于必须的工作之余还能有闲暇去做人，有闲暇去做人的工作，去享受人的生活。我们应该希望人人都能属于"有闲阶层"。有闲阶层如能普及于全人类，那便不复是罪恶。人在有闲的时候才最像是一个人。手脚相当闲，头脑才能相应地忙起来。我们并不向往六朝人那样萧然若神仙的样子，我们却企盼人人都能有闲暇去发展他的智慧与才能。

梁实秋	中国著名的散文家、学者、文学批评家、翻译家。他的散文文笔简约、平实，作风恬淡、雅朴，字里行间充溢诙谐幽默，三言两语道尽人生哲理。

已出版著作：
《花看半开 酒饮微醺》
《雅舍小品》

最高级的善良，
是心疼别人的不容易

苏心 / 文

1

一上班，同事 H 给我拿来一袋野菜馅的水饺，说是她婆婆包的，特别好吃。她知道我喜欢吃这种馅，让我尝尝。

我们自然地聊起她婆婆。H 的婆婆每天早上去早市买菜，那里的菜很多都是菜农自己种了去卖，不仅新鲜，农药还少。

我说特别喜欢去早市买瓜果，就是经常起不早，上次买了一袋脆瓜，卖瓜的大爷说自己种的成本低，临走又给多放了两根。

H 说，她婆婆常年在早市几个熟悉的摊上买菜，从来不讲价。一是彼此都信任，不会多要钱，二是婆婆觉得那些菜农不容易，无论风天雨天守着个菜摊，有时还剩下，卖相不好了就得处理或者扔掉，就算都卖出去，又能赚多少钱？

有一位大妈，卖了好多年菜了，人很实诚，从不缺斤短两。她家里条件很不好，老伴早就去世了，自己和智力障碍的儿子相依为命，好在前两年有了低保，但钱也不多，她想多赚点钱，万一哪天自己不在了，给儿子多留点钱生活。

H 的婆婆每次买菜时，都尽量照顾她的生意，哪怕菜的卖相差点，也从她那儿买。

婆婆说她活得太不容易了，虽然自己不是大富大贵，但有退休金，总比他们活得容易些，能帮就帮一点吧。

我心里，默默对 H 的婆婆肃然起敬。她老人家和那些人并没有什么关系，平时过日子也很俭省，只是因为善良，心疼那些比自己活得艰难的人，心生慈悲，愿意解囊相助。

2

我的朋友圈里，有一位公职部门的负责人 W，这几天，他一直在发一条朋友圈：天气越来越热，气温高达 38℃以上，请大家不要随意乱丢垃圾，很多环卫工人都是六十岁以上的老人……

我和他逗趣，调侃他作秀，W 和我讲了他的故事。

他说，小时候家里很穷，兄弟姊妹多，父母都是农民。好在家住在市郊，离城里近，每天凌晨两三点钟，母亲和父亲起来烙烧饼。

然后父亲骑着自行车去卖，就是靠卖烧饼赚的钱，他们兄妹几个都上了大学。记得有一天早上，他父亲腰疼，骑不了自行车，母亲就让他骑自行车去卖烧饼。

外面下着小雨，W 问母亲，这样的天气会有人出来买早点吗？

母亲看了看外面，雨紧一阵慢一阵，看上去不像要下大雨的样子，就说："没事，一会儿你到城里雨就停了，快去快回，到点就回来，别耽误了上学。"

W 骑上车去卖烧饼。

谁承想刚走到城里，雨一下子大了起来，他推着车子在一个大楼的门口躲雨，心里着急得要命。从六点等到七点多，雨慢慢小了，可是也错过了卖早点的最好时机。

W 拿雨衣盖着烧饼，自己冒着小雨推着车子沿街叫卖，走了近半个小时，一个烧饼都没卖出去。

眼看上学要迟到了，W 叫卖的声音里带出了哭腔，一位扫大街的阿姨正好路过，深深看了他一眼，问："孩子，怎么不去上学啊？"

W 懊恼地说："一个烧饼都没卖出去，不敢回家，怕妈妈生气。"

那位阿姨把口袋里的钱全都掏了出来，说："我这些钱你看看够买多少，孩子们都爱吃，正好家里没早点，你赶紧上学去吧，好好读书将来才有出息。"

W 特别感动。他说，其实那位阿姨只是位清洁工，收入低微，却倾囊而尽帮一个陌生的孩子。**一个人最高级的善良，就是看到别人的苦，会生出慈悲之心。**

这些年，他心头一直放着阿姨那句话，"好好读书将来才有出息"，他懂得，那是一位长者对下一代人的心疼和期许。

后来，他考上了大学，又走到了现在的位置。

他说，每次在街上看到那些环卫工人，就想起当年那位素不相识的阿姨，他发那样的朋友圈，是带着感激的心情，希望人们能够不要乱丢垃圾，给他们减少一点工作量。

你看，爱是会流转的，施及别人，终会惠及自身。

爱是会流转的，施及别人，

终会惠及自身。

3

几年前，有一部很火的宫斗剧，里面有一个桥段，一个小太监在一个嫔妃宫里当差，一天，他在一个角落里哭，正被这个嫔妃看到，问他怎么回事。

那个小太监说，自己的哥哥得了重病，没有人管，眼看要不行了，哥儿俩从小相依为命，没有别的亲人，想到哥哥，他心里难过，故而哭泣。

那位嫔妃非常同情他的境遇，让他出宫去照顾哥哥，后来，小太监的哥哥病好了，他一直特别感激这位嫔妃。

在后宫那样艰险的环境中，这位嫔妃几次被人算计暗害，得宠又失宠，小太监在暗中，多次帮她化险为夷，直到她站稳了脚跟。

不管是现实生活，还是影视剧集，说的道理是一样的。

人生路上，谁都有雨天没带伞的时候，有时候，你帮别人打了伞，当日后有雨落在你身上时，也会有人替你撑起一把伞。

4

多年前，我一位打了大半辈子光棍的长辈，娶了外地来的一个女人。女人死了丈夫，也没有什么亲人，两个人就此相依为命，过了七八年光景。

谁知，那一年我这位长辈心脏病突发去世了，剩下老太太一个人，日子实在过不下去了，她就又改嫁了一位退休老师。

又过了几年，那位老师也去世了，他的家人不肯赡养老太太，把她撵了出来。

她无家可归，又回到我那位长辈的旧房子里住下，她身体也不好，连药也舍不得吃，靠低保勉强维持生活。

去年春节，我回老家买了点东西去看她，又给了她一点钱。

她拉着我的手一直哭一直哭，说这个世界上自己没有什么亲人，也没有人疼她，可我竟然还记挂着她。

我也哭，心一阵阵地疼。

真的，这世间不是每一个人都能轻盈地度过一生，有些人，单是活着就已拼尽了全力。

5

如果，聪明是一种天赐禀赋，那么善良则是一种价值选择。

愿我们，都能选择做一个善良的人，懂得感同身受他人处境的艰难，伸手拉一把。哪怕是一个微不足道的善举，也能照亮低谷里的人，点滴的温情，也会给这个世界，带来无边春色。

一个人心疼了别人，最终也会被这个世界善待。

没事早点睡，
有空多挣钱

早睡，解决 80% 的问题

◇ 陈阿咪 / 文

我有个好朋友，当年因为失恋，不仅丢了工作，还丢了健康。那一年，当她满心欢喜地准备嫁给当时的男朋友时，没想到，在婚期的前两个月，男朋友却因为喜欢上别人，和她提出了分手。

这段持续了七年的感情，对她来说，几乎是霸占了心里最重要的位置，要将它抽离出来，一时间实在太难接受。她试图去挽回那段感情，但都无能为力。

于是，便进入了漫长的抑郁期：她整

夜整夜地流泪、失眠，躺床上一发呆就是一天，滴水未进这都是常有的事。

因为身心都没安顿好，更多的问题接踵而至：她开始脱发，还得了胃病。身体不好进一步影响到情绪，情绪影响到工作……一切仿佛陷入了恶性循环。

后来去看病时，医生给她提了个建议："没事早点睡，有什么苦恼明天再去想。"

当她养足了精神，情绪和生理机能恢复得很快，一切也都慢慢步入正轨。

有个读者给我留言，问我怎样才能戒掉熬夜翻前任朋友圈的习惯。熬夜的人其实很困，只是心中一直有所期待和牵挂，总抱着下一秒可能会出现惊喜的幻想，所以一再等待。可是，被爱的人不流泪，幸福的人不晚睡。值得你爱的人，不舍得你熬夜；让你熬夜的人，不值得你爱。

熬夜解决不了任何问题，反而会让悲观情绪在深夜里愈发肆虐。倒不如到点了蒙头大睡，养足了精神再去面对。一个能量满满的自己，还有什么坎过不去？

忙，包治百"病"

在美剧《生活大爆炸》里，Sheldon 有一句经典语录："依我看，你所有的问题，都可以通过多挣钱来解决。"

人这一生，总有无数个令我们丧气的时刻。例如人际不顺、婚姻矛盾……很多的问题，你细究到底，其实不过是闲出来的问题。

朋友和我讲过她的故事：她人生最闲的那段时间也是她最困顿的时期。孩子长大去外地上学，丈夫因业务拓展频繁出差，她常常一个人赋闲在家。她表面看起来很悠哉，事实上，她的内心焦虑无比。

她频繁地给孩子打电话，最后甚至孩子会抱怨妈妈烦；她低声下气地问丈夫近况，催促他快点回家；她开始格外关注别人家"出轨劈腿"的八卦，并情不自禁地怀疑自己的丈夫，生出莫须有的恐惧；她会把焦虑的情绪也传递给她的亲人和朋友，对小事耿耿于怀，身上充满了负能量；遇到紧急花钱的事，总是可以轻易挑起她最敏感的神经……

终于有一次，她和丈夫大吵之后，经过一场反思，她决定重拾技能，投入职场。如今，她已经在原有的岗位上干得风生水起了。

当你有钱有事业的时候，你的格局会被相应地打开，你不会被家里的四方天地所局限，你可以去探索广阔无垠的碧海蓝天。

你没空猜刚刚那个女人为什么白了你一眼，也没空去追究丈夫昨晚为什么晚一个小时回家，更没空一天给别人打 N 个电话抱怨生活琐碎……

相反，你手里有活，车子有油，兜里有钱，手机有电，你有的是满满的充实感和安全感。

"忙碌和早睡真是治愈心疾的良方"

作家桥本纺在《流星慢舞》里描述了这样一个情节。

男主因为恋人意外丧生而深陷痛苦，他的父亲无意间对他说了一句话点醒了他："无论会变得如何都无所谓，只要往前走，就会有新的发现。有时候可能会因为刺痛而难过，但那也是很不错的经验。对爸爸来说，在原地踏步反而更痛苦。"

空想其实也改变不了什么，干脆养足精神再说。光怕也解决不了问题，干脆靠自己迎难而上。当你又忙又美的时候，真的没时间忧伤。

不再为一点小事伤心动怒，也不再为一些小人愤愤不平。

摆脱你所厌恶的人或事的最好方法，莫过于你努力跳出那个令你疲惫的圈子。

有句话说得好："所谓的好日子，不过是吃好睡好，所爱之人全部安好。"

扶南说："这个世界上，并不一定每个人都有条件或者运气活成比其他人更出色的人。"

但是比起物质和社会地位的提升，我更希望，即便就是个普通人，开普通的车，住普通的小区，不管遇到多大的困难，我们都能始终追寻生命里最光彩的一面，不带任何戾气，活得上进且平和。

陈阿咪　　十点读书编辑。是红玫瑰，也是白月光，你的心事我都懂。

人生最大的浪费，
是过剩的储备

◇ 马亚伟 / 文

在老家和亲戚们一起聊天，我的一位本家奶奶捶胸顿足地说："那年不是说盐要涨价吗？我老糊涂了，以为真的要涨了，一下买了三百袋。我自己弄不了，还雇人开车给我弄回来的，费老大的劲儿呢。后来，这盐也不涨价，退也退不了，卖也卖不出去，留在家里自己吃，不知道要吃到哪辈子哟！"

这位奶奶如今已经年近七十，家里就老两口。如果两位老人有幸活到一百岁的话，这辈子恐怕也很难吃完。

我想象着，两位老人守着一堆盐，每

天一点点吃，就像守着一点点减少的生命时光一样。他们多想生命能够长一些，好把这些盐全部吃完。可是，也许突然有一天，他们就离开了这个世界，只剩下这堆"过剩盐"。

我想起有个人，有一次赶上袜子大减价，她一下买了一百多双，说要留着这辈子穿。可是没过多久，她竟然患上了癌症，不久撒手人间。那些袜子，她根本没穿几双。

其实，很多人都喜欢为人生做过剩的储备。除了这种一时冲动型的，还有很多是主动型的。他们生活的唯一目的，好像就是在为人生做储备，这也是他们的精神支柱。

我们常说，人无远虑，必有近忧，人都有忧患意识，所以总喜欢提前为将来打算。年轻的时候，人们奔波忙碌，为了储备更多的财富，以备老年之用。但是，我们常犯的错误是，因为忙于储备，忽略了本来应该享受的美好生活。而**过剩的储备，常常让人生负重不能轻松，到头来储备的那些东西丧失了应有的价值**。

我的外祖母一生节俭，近乎吝啬。如果有可能，她真能把一分钱掰成八份花。她这辈子，从来没浪费过一分钱。每天守着粗茶淡饭过日子，有时儿孙们去了，她也舍不得花钱买好吃的，总是弄些自己种的萝卜白菜打发我们。

人不能活得像蚂蚁一样，只知道盲目储备，
而忘了我们是来享受这个世界无限精彩的。

你最好的样子就是做自己 ◇

冬天的时候，她还延续着二十世纪五六十年代的生活习惯，用一罐腌咸菜打发一日三餐。晚上吃饭时，她不开灯，说费电。儿孙们给她买了好东西，她会骂你"败家子"。希望大家都要像她一样，把钱攒起来。

我偷偷对母亲说："我姥姥真像葛朗台，太吝啬了。"母亲嗔道："你姥姥说了，她是在为自己攒养老钱呢，将来老了不伸手向儿女们要钱。"我无奈地说："儿女们又不是不给，何苦这样折磨自己呢。"

外祖母去世的时候，留下了一摞摞缝补过的衣服，还有她攒的一堆堆的旧东西。除了这些，还有六万多块钱。儿孙们看着这六万多块钱，纷纷落泪了："老人这是何苦呢，不是没钱，何必总苦着自己。"

其实，大家都不缺这点钱，如果这些钱外祖母自己花了，儿孙们会更心安、更欣慰。

外祖母这一生，太清苦了，有太多的美味没享用过，也没有给自己添置过几件新衣服，更没有出去旅游过。她唯一忙着的是为自己储备更多的钱，可是，过剩的储备让她丧失了太多本该享受的幸福。

人不能活得像蚂蚁一样，只知道盲目储备，而忘了我们是来享受这个世界无限精彩的。

社会进步了，别做过剩的储备，把剩余的时间、精力用来享受人生，让自己的生命更加鲜活生动。

马亚伟

河北保定人。期刊、副刊作者，写作至今已发表 900 余万字。笔名王纯，文心等。作品风格清新淳朴，细腻雅致，以情动人。《思维与智慧》《文苑》《启迪与智慧》《特别关注》等杂志签约作者。

已出版著作：
《岁月积淀的味道》

归园田居

♡ 滨斌 / 文

如论是何种缘由，能够在山村田园中生活一年，是幸福的。春夏秋冬，不疾不徐，来时早春种下土豆，直到再一次种下土豆为止。

在城里工作六年，城市当然也好，有餐厅、朋友、聚会、书店、展出。但始终心头挥之不去田园梦，下定决心实现它的时候，鸟儿欢叫、露水晶莹，都已经准备好欢迎的姿态了。

少了原来的朋友，多了它们。比以往好不容易约的大家，它们不把时间当回事儿，尽情陪伴在你身边。小鸭长大了放在稻田里，鸡是邻居奶奶家给孵的，田园犬的名字叫"汪汪"，第一次和我一起下地去干活还有些紧张。

双脚踏在土地上，最使人平静放松。种稻、种菜，理所当然是田园居的主业。只要热爱泥土与作物，向老农请教，踩着时节的点，播下适合当地、当季的种子，自然总会给你丰厚的回报。对它们的照料，也是极好的消遣：看着它们长苗、开花，怎么会不满心欢喜呢？更别提富足之余，与朋友们分享了。

田园的丰盛来自简单与新鲜。地里长什么吃什么，从采摘到餐桌不过半小时。用不着冰箱，也没有买菜选择的烦恼。一年四季，只要留意，野果不停，足以点缀茶余饭后。**很多人说"养生"，与其费尽心思，不如让自己与大地同步，顺其自然。**

家里不养花。院子里、田埂边，树丛中长满了各种。无论你知不知道名字，它们都笑而不语。

没有了约会和嚣闹，一个人的时间总是充足的。看书、写字之余，夏天有毛豆配酒，蝈蝈给你伴唱；冬天番薯埋在炭火里，时不时隐隐飘香。

只要愿意省去被时代抛下的担心，
田园居会是你最低成本、最丰厚回报的一次投资。

我们觉得旅行美好，是因为准备好了十二分的心情。风景不只在远处，也在一方的阴晴雨雪。只要愿意省去被时代抛下的担心，田园居会是你最低成本、最丰厚回报的一次投资。

滨斌

新农夫。因为对自然田园、晴耕雨读的向往，辞职旅行后，在杭州桐庐开始了山居耕作生活。晴天种瓜点豆，雨时读书会友。日出而作，日落而息。在将理想变为现实的路途中，收获着四季的喜悦。

已出版著作：
《山居岁月》

余生，
静而不争

◇ 格姐 / 文

老子的《道德经》里说："上善若水，水善利万物而不争。夫唯不争，故无尤。"

意思是，善良的人好像水一样，水善于滋润万物而不与万物相争，而人只有不争不抢，才能真正无忧无虑。

不争才能无忧的道理好像很久后才懂得，不得不说，越长大越沉默，到了一定的年纪后，心态也有了变化，开始喜静，随遇而安。更是生了遁世的念头，逃离这喧闹世界，辟得一处安宁之地，静而不争。

争是不争，不争是争

人生在世，争时总是不自知，话不投机，呛声回应是争，争的是心情，表达的是不服气。

三两同事，探讨方案，点到要处，据理力争。争的是理，是主意，是极强的表达和征服欲。

争的原因太多，因为遇见的人发生的事多，在乎和想要的东西多，不满看不惯的事情也多。

得不到的想要，要争；握在手的怕丢，要守；每每都有诉之不尽的话，想要被关注，想要做那个特别的人，想获得最好的。

后来才发现争得太多都是自己的执念，想获得的多是为填补内心猖獗的欲望，为之追逐努力的也多是无意义的虚假愉悦，空洞无趣，争不如不争。

看过一个短的寓言故事，讲的是一个妈妈在厨房时，她三岁的小孩自己玩耍不慎将手卡在了茶几的花樽里。花樽是上窄下阔的一款，所以，他的手伸了进去，但拿不出来。

母亲用了不同的办法，想把卡着了的手拿出来，但都没有成功。无计可施的妈妈，想了一个下策，就是想把花樽打碎。可是她又有些许犹豫，因为这个花樽不是普通的花樽，而是一件价值连城的古董。

砸与不砸，孩子哭闹不停，妈妈狠心毁了古董，可是儿子的手拿出来时，他的拳头仍是紧握无法张开。妈妈琢磨，是不是抽筋呢？妈妈又再惊慌失措……几经挫折后，她才发现，孩子的手不是抽筋，他的拳头张不开，是因为他紧捉着一个一元硬币。

他是为了取到这一枚硬币，所以令手卡在花樽的口内。小孩子的手伸不出来，其实，不是因为花樽口太窄，而是因为他不肯放手。最后一元是拿到了，古董花瓶却碎了，不如不要。

杨绛说："我和谁都不争，和谁争我都不屑。简朴的生活、高贵的灵魂是人生的至高境界。"

不争却是争，专注内心，不执迷琐碎的豁达，恰恰是你苦苦争求而不得的内在收获。

有些人争不来，有些事不必争

争的另一面是在乎，争时是辩解，是获得，是渴望。而争的过程中你会发现，和亲近的人怎么争都是错，和旁人争，多是没必要和徒劳。

和亲人争，赢了也是输了，亲情疏远，得不偿失。

和爱人争，生活琐碎争不尽，感情变淡，内在能量也在不断消耗。

和朋友争，意气洒脱不再，多了嫌隙，少了敢言。

有些人你争不来，也争不得，他们出现在你生命里，就是无须与之争的人，静默守候，相伴一生。

有些事你争不过，也不必争。

真正的不争，不是外表无动于衷，

而是内心的谦让平和。

你最好的样子就是做自己 ◇

和命争，佛说业就是天命，世道有轮回，每一件你此生发生的事都不是偶然，宿命之理，你争不过。

和时间争，俗话说流逝的不是时间，是我们。时间是沙漏，你握得越紧，它走得越快，而你能做的只是安于当下，珍惜此刻。

欲为大树，莫与草争。

参天大树，一朝一夕怎可长成？青青碧草，亦非弱者，四季轮回，生生不息，瞻望回首时，再看，争得的到底是得还是失，哪一个选择，哪一次的涅槃不要循序渐进，遵从内心。

我们太爱较真，认死理，不争必定不得，争了才有希望。对爱的人，还是对在乎的事，哪怕是对自己，我们常耿耿于怀，反复思量，直到筋疲力尽。

最后得失枉然，难得清净，不如回归自我，埋头前行。

做淡淡的女子，静而不争

人生在世，有些人争不来，有些事不必争。不是所有的人都值得我们计较，不是所有的事都值得我们劳神。汲汲营营反而会本末倒置，失去自我。余生，静而不争顺其自然，才能自在许多。

人这一辈子完美难求，求不过内心安之若素。

真正的平静，不是避开车马喧嚣，而是在心中修篱种田。

真正的不争，不是外表无动于衷，而是内心的谦让平和。

静，是一种气质，也是一种修养。

诸葛亮曾说:"非淡泊无以明志,非宁静无以致远。"人只有恬淡寡欲方可有明确的志向,须寂寞清静才能达到深远的境界。

静,不是一味地孤寂,不闻世事。

宋儒说:"万物静观皆自得,四时佳兴与人同。"世间的万事万物,你只要静下心来用心观察,都会有所收获并得到乐趣。

蓝德的《生与死》里写道:"我爱大自然,其次就是艺术。我双手烤着生命之火取暖,火熄了,我也准备走了。"

人生苦短,不过数十载光阴,世界喧闹,我们去不了森林,只能在内心种篱,然后一路告别,一路远行。

和稚嫩的自己告别,和成长的苦行之路告别,收获属于自己内心的宁静。最后成为一个不炫耀、不争吵、博学的女子,一个不空洞、不浮躁、丰盈的女子。

即便生命枯竭,亦在优雅中变老,在余生里静而不争,安而不乱。

格姐　情感博主、作家。公众号"有格",这里是一个温暖的树洞,每晚21:05,用走心文字,陪你度过轻缓时光。

图书在版编目（CIP）数据

你最好的样子就是做自己 / 慈怀读书会主编. -- 北京 : 北京联合出版公司, 2019.1（2019.3重印）
ISBN 978-7-5596-2781-0

Ⅰ.①你… Ⅱ.①慈… Ⅲ.①散文集－中国－当代 Ⅳ.①I267

中国版本图书馆CIP数据核字（2018）第260085号

你最好的样子就是做自己

项目策划	紫图图书ZITO®
监　　制	黄利　万夏
主　　编	慈怀读书会
责任编辑	昝亚会　夏应鹏
特约编辑	刘长娥　朱彦沛
内文插画	Lylean Lee　栗绛　SEPT.　KEKE_Tree
	kianey羊　废梁　望川　小君June
装帧设计	紫图装帧

北京联合出版公司出版
（北京市西城区德外大街83号楼9层　100088）
北京瑞禾彩色印刷有限公司印刷　新华书店经销
140千字　880毫米×1270毫米　1/32　7.5印张
2019年1月第1版　2019年3月第2次印刷
ISBN 978-7-5596-2781-0
定价：49.90元